KB104296

공포의 집

나치 정권하의 체코에 있던 유대인 거주 지역 '테레지엔슈타트' 입구.
아우슈비츠 및 나치 수용소의 정문에는 큼지막하게
"노동이 너희를 자유롭게 하리라"(Arbeit macht frei)라는 문구가 쓰여 있었다.
죽음의 수용소는 곧 노동수용소였던 것이다.
그 원리상 자본주의 공장은 아우슈비츠와 유사한 면모가 있다.

죽음의 수용소에서의 삶을 기록한 책『이것이 인간인가』를 펼치면 먼저 '작가의 말'이 나옵니다. 그런데 첫 구절이 인상적입니다. "다행히(per mia fortuna) 나는 1944년에 아우슈비츠로 이송되었다." 유례를 찾기 힘든 끔찍한 체험의 당사자가 거기 끌려가던 순간을 운이 좋았다는 말로 시작한 겁니다. '다행'은 아우슈비츠와는 도저히 어울릴 수 없는 단어 같습니다. 죽음의 수용소로 가는 길에 '다행'이라고 쓸 수 있는 경우는 딱 하나입니다. 죽음을 피할 수 있을 때뿐이지요. 물론 아우슈비츠에서 삶과 죽음은 너무 인접해 있기에 이 책에는 다행과 불행을 바꾸어 써도 상관없는 문장들이 많습니다. 죽은 것만 못한 삶도 있었고 송장처럼 사는 사람들도 많았으니까요.

일단 레비는 '다행히'라고 썼습니다. 아우슈비츠로 이송된 덕분에 즉각적 죽음을 면했으니까요. 전쟁 말기 노동력이 부족해지자 독일 정부는 포로들 일부를 살리기로 했습니다. 노동력을 가진 사람들만 살았지요. 그렇지 않은 사람들, 특히 여성과 아이, 노인 상당수는 이송 기차에서 내리는 즉시 '처분'되었습니다. 레비는 '다행히' 살아남았습니다. 아우슈비츠에 들어갈 자격을 얻은 것이지요. 아우슈비츠 정문에는 큼지막하게 "노동이 너희를 자유롭게 하리라"(Arbeit macht frei)라는 문구가 쓰여 있었습니다. 죽음의 수용소는 노동수용소였던 겁니다.

잘 알려진 것처럼 아우슈비츠에는 인간소각로가 있었습니다. 어떻게 사람을 땔감처럼 태울 수 있었을까요. 이상한 말이지만 소각로에 넣는 사람들을 인간으로 보지 않았기 때문일 겁니다. 포로들은 아우슈비츠에서 사물 취급을 받았습니다. 이송할 때부터 독일군은 포로들의 인격을 박탈했습니다. 열차에 모두 태웠을 때 장교는 하급 병사에게 묻습니다. "몇 개 실었어?" 군인들은 포로를 구타할 때도 화를 내지 않습니다. 그냥 사물을 부술 뿐이었죠.

아우슈비츠를 인간절멸수용소라고도 하는데요. 인간절멸은 가스실과 소각로로 보내기 전에 이루어졌습니다. 어떤 존재들에 대해 짐짝 내지 쓰레기라는 판단을 먼저 내리지요. 살려둘 만한 가치도, 쓸모도 없다는 겁니다(유대인 이전에 장애인 수만 명이 그렇게 '처분'되었습니다). 노동력을 가진 사람은 약간의 쓸모를 인정받아 인간과 사물 사이에서 반쯤은 인간이고 반쯤은 사물인 채로 살았습니다.

이 경계가 얼마나 좁은가 하면 시간상으로는 치료소에 머물 수 있는 2주 정도입니다. 영양 부족 상태에서 혹사당하다 보니 포로들은 과로로 혹은 재해로 많이들 죽었습니다. 그런데 '다행히' 경미한 부상을 입어 치료소에 들어가면 짧게나마 휴식을 취할 수 있었지요. 하지만 2주 안에 회복되어야 합니다. 그 시간을 넘기면 존재의 쓸모없음이 부각되니까요. 존재의 바늘이 순식간에 인간에서 쓰레기로 넘어갑니다. 그러면 곧 바로 '처분'되지요.

죽음의 수용소에서 다행과 불행은 죽음과의 거리로 갈라질 텐데요. 노역장이라고 해서 죽음과 그리 멀리 있는 것도 아니었습니다. 노동하는 동안 죽음의 방문이 잠시 늦춰지는 것뿐이죠. 노역장을 오갈 때마다 가스실을 지나친다는 건 언제나 변치 않는 사실입니다. 죽은 사람은 말할 것도 없고, 살아 있는 사람도 실상은 '산송장'인 셈이죠. 그는 살아 있는 사람이라기보다 '아직 죽지 않은 사람'에 가깝습니다. 수용소에서 노동에 대한 보상처럼 지급하는 작은 빵조각과 묽은 죽이 밥풀처럼 목숨에 '아직'이라는 말을 붙어 있게 합니다.

아우슈비츠의 체험은 너무 극단적이어서 비유나 비교가 조심스럽습니다만 그럼에도 강제노동수용소로서 아우슈비츠는 자본주의사회에서 노동의 기본 성격을 선명하게, 이렇게 말해도 좋다면 '극단적으로' 선명하게 보여주는 것 같습니다. 앞으로 이 책의 본문에서 보겠지만, 실제로 마르크스는 19세기 공장(factory)의 원형을 18세기 구빈원(workhouse)에서 찾고 있는데요, 구빈원은 원어가 말해주듯 '노동의 집' 즉 노동수용소였습니다. 강제노역을 통해 빈민과 부랑인의 나태한 심성을 근절하겠다며 만든 시설이지요. 시설 제안자들은 노역을 '치료' 수단으로 생각했습니다. 말하자면 '노동이 너희를 치유하리라'였던 겁니다.

설립 초기만 해도 구빈원은 자선과 부조의 성격을 일부 갖고 있었습니다. 빈민들에게 일자리와 임시 거처를 마련해주었죠. 그러나 점차 무서운 훈육시설 곧 '공포의 집'이 되어갔습니다. 빈민들이 자선에 기댈 생각을 아예 못하도록 수용시설을 끔찍한 곳으로 만들어야 한다는 생각이었죠. 정말로 노동이 불가능한 빈민이 아니고는 한시도 머물고 싶지 않은 곳이 되게 하자는 거였어요. 일하지 않고는 살길이 없다는 걸 알려주면서 노동 이외에는 선택지를 두지 않은 겁니다.

생명체에게 삶과 죽음은 선택지가 아닙니다. 노동력을 팔지 않고는 살 수 없는 사람들에게 자유롭고 평등한 고용계약이란 허무한 말입니다. 마르크스는 생산과정을 빠져나온 노동자는 "자유롭게 노동력을 팔 수 있는 시간이란 노동력을 팔지 않으면 안 되는 강제된 시간"이었다는 걸 알게 된다고 했습니다. 공장에서 걸어 나오는 노동자는 "한 조각의 근육, 한 가닥의 힘줄, 한 방울의 피라도 남아 있는 한 그를 결코 자유롭게 놓아주지 않는" '공포의 집'에 내일 다시 들어가야 한다는 걸 압니다. 왜 또 들어가려 하는가. 그것 외에는 살길이 없으니까요. 마르크스는 자본을 (사물이 아니라) 하나의 '관계'라고, 그것도 '강제관계'라고 말합니다. 자유롭게 선택할 수 있는 게 아니라는 것이지요.

이제 우리는 마르크스가 왜 그렇게 천부인권이라는 말에 냉소적이었는지 이해할 수 있습니다. 자유와 평등, 소유, 이익. 프랑스 인권선언(『인간과 시민의 권리 선언』)의 앞줄을 차지하는 그 화려한 권리들의 목록은 공장 바깥에서만 성립하니까요. 다시 노동력을 팔아야 하기에 노동자는 계약서를 쥐고 자본가와 대면합니다. '노동력의 판매자인 당신은 구매자인 자본가와 동등합니다. 당신은 당신의 이익을 위해 자유롭게 계약을 맺을 수 있습니다. 누구도 당신을 강제로 일 시킬 수 없습니다.' 이에 대해 우리의 노동자는 어떻게 생각할까요. 곧바로 이렇게 대꾸할 겁니다. 내가 공장에 가는 게 자유라고요? 천부인권은 됐고 휴식시간이나 지키라고 하세요!

왜 천부인권은 공장에서 무력화되는가. 원리상 자본주의 공장에는 아우슈비츠와 같은 면모가 있기 때문입니다. 공장에 들어가는 순간 노동자는 인격을 박탈당합니다. 인간과 사물 사이에 있다고 할까요. 한편으로는 인간노동만이 상품가치의 원천이므로 노동자는 인간이어야 합니다. 그러나 다른 한편으로 생산과정은 자본가가 노동력이라는 상품을 소비하는 과정입니다. 노동자가 인격체로서 일한다기보다 발효용 효모처럼 상품으로서 기능하는 겁니다. 만약 인간으로서 일한다면 근대의 사적 소유권 이념에 따라 노동생산물은 노동자의 것이 되어야 하겠죠. 그러나 노동생산물이 자본가의 것인 이유는 그것을 노동자의 생산물이 아니라 자본가의 생산물로 보기 때문입니다. 공장에서 천부인권이 통하지 않는 이유가 여기 있습니다. 공장에서 그는 한편으로 인간이지만 다른 한편으로는 비인간이니까요. 인간권리의 목록은 인간임을 부인당한 사람에게는 참으로 허무한 것이죠.

그런데 잉여가치는 이런 '비인간화된 인간' 덕분에 가능합니다. 생산수단만 있어서는 잉여가치가 생겨날 수 없지요. 생산수단은 애초 사물이므로 인간노동을 더할 수도 없습니다만, 판매 자본가와 구매 자본가 사이의 대등한 인간관계를 바탕으로 한 것이어서 부등식(잉여가치)을 만들어낼 수가 없습니다. 물론 노동자도 노동력의 판매자로 나타날 때는 구매자인 자본가와 대등한 것처럼 보입니다. 그러나 노동력을 판매하고 나서 공장으로 들어가면 달라지죠. 공장에 들어선 순간 자본가에게 노동자는 인간이라기보다 인력입니다. 인간과 인간의 대등한 관계가 아닙니다. 공장에서 노동자는 부분적으로

수용소에 들어간 인간이 겪는 것을 겪습니다. 인격 상실, 비인
간화가 일어나죠(참고로 이런 비인간화는 만인의 평등을 전제하는
근대사회에서 억압과 착취를 정당화하는 일반적 방식입니다. 어떤 인
간집단에 대해 인간임을 부인하는 거죠. 적어도 그들이 온전한 인간,
정상적 인간은 아니라는 식으로 말입니다).

문제는 이런 비인간화의 경험이 결코 일회적이지 않다는 점
입니다. 자본주의에서 노동자로 살아가는 한 깨어 있는 대부
분의 시간 동안 겪는 일이지요. 심지어 대를 이어 반복됩니다.
어떤 인간이 이토록 오래, 이토록 자주 시설에 수용된다는 것
은 인간으로서 그의 지위가 안전하지 않다는 뜻입니다. 마르
크스가 자본주의에서 노동자가 되는 것의 '불운'을 언급한 것
은 이런 이유입니다.[김, 688; 강, 700] 자본주의에서 '생산적
노동자'가 된다는 것은 그만큼 잉여가치 생산에 기여했다는
뜻이고 그만큼 생명력을 빨렸다는 뜻이라고요. 평생을 그렇
게 살아야 한다는 것은 너무나도 가혹하고 불행한 일이지요.
그런데 정말로 불행한 것은 이 불운과 불행을, 자본주의를 살
아가는 우리로서는 행운과 다행으로 여겨야 한다는 사실입니
다. 즉결처분을 면하게 되었으니까요. 노동력을 판매하는 데
성공한 노동자는 안도하며 말합니다. "다행히 나는…… 아우
슈비츠로 이송되었다."

차례

일러두기

· 『공포의 집』은 열두 권의 단행본과 열두 번의 강연으로 채워지는
〈북클럽『자본』〉시리즈의 6권입니다. 〈북클럽『자본』〉은 철학자
고병권이 카를 마르크스의 『자본』 I권을 독자들과 함께
더 깊이, 더 새롭게, 더 감성적으로 읽어나가려는 기획입니다.

· 『공포의 집』은 『자본』 I권 제3편 '절대적 잉여가치의 생산'의
제8~9장을 다룹니다. 〈북클럽『자본』〉의 출간 목록과 다루는 내용은
아래와 같습니다. 괄호 안은 『자본』 I권의 차례이며 독일어 판본(강신준
옮김, 『자본』, 길)을 기준으로 삼았습니다.

- 〈북클럽『자본』〉에서 저자는 독일어 판본 '마르크스·엥겔스전집' *MEW: Marx Engels Werke*과 김수행이 우리말로 옮긴 『자본론』(I, 비봉출판사, 2015), 강신준이 우리말로 옮긴 『자본』(I, 길, 2008)을 참고했습니다. 본문 내주는 두 번역본을 기준으로 표기하되 필요하면 지은이가 번역문을 수정했습니다. 단, 본문에서 마르크스의 『자본』 원문의 해당 장(章)을 언급할 때, 시리즈의 3권부터는 독일어 판본을 기준으로 표기하고 영어 판본(김수행 번역본)이 그것과 다를 경우 괄호로 병기했습니다.

- 〈북클럽『자본』〉은 이전에 없던 새로운 활자체를 사용하였습니다. 책과 활자를 디자인하는 심우진이 산돌커뮤니케이션과 공동 개발한 「Sandoll 정체」가족의 530, 630입니다. 그는 손글씨의 뼈대를 현대적으로 되살려 '오래도록 편안한 읽기'를 위한 본문 활자체를 제안하였습니다. 아울러 화자의 호흡을 고스란히 드러내는 문장부호까지 새롭게 디자인하여 글이 머금은 '숨결'까지 살려내기를 바랐습니다.

1

권리 대 권리

자본가의 관심과 노동자의 관심은
따로 떼어놓을 수 있는 것이 아닙니다.
자본가의 관심은 잉여가치를 늘리는 데 있고
노동자의 관심은 생명력을 지키는 것인데,
이것은 서로 다른 영역,
서로 다른 것에 대한 관심이 아니라는 말입니다.
이름만 다를 뿐 실상은 동일한 것이죠.
자본가의 잉여가치란
노동자의 추가 지출된 생명력에
다름 아니니까요.
그럼 이 이율배반은 어떻게 해결할 수 있을까요.
노동일의 눈금은 어떻게 결정되어야 할까요.

로버트 쾰러, 〈샤를루아 지역에서 일어난 파업〉, 1886.
마르크스에 따르면, 결국 '노동일'의 결정은
이성적 추론의 결과가 아니라 투쟁의 결과다.
즉 이제부터 우리가 읽어나갈 내용은
노동자계급이 자본가계급과 벌여온 힘겨운 투쟁의 역사다.

단순한 것에는 영악한 파리들이 덜 꼬입니다. 눈속임을 하려면 좀 복잡해야 합니다. 수입과 지출의 구조가 빤한 상황에서 비자금을 조성하는 사람들이 맨 먼저 하는 일은 장부를 복잡하게 만드는 겁니다. 돈이 들고 날 때마다 우회로를 거치게 하죠. 여러 개의 항목과 여러 번의 시차를 둡니다. 틈을 만드는 거예요. 비자금을 조성하는 사람만 그러는 게 아닙니다. 돈으로 돈을 버는 사람들은 대부분 복잡성 안에 생겨난 틈을 이용합니다. 제도의 틈, 법의 틈, 시간의 틈, 계산의 틈을 파고듭니다. 이런 틈마다 이른바 '전문가'가 둥지를 틀고 투기꾼이 자리를 폅니다.

보통의 경제학 책들과 비교해보면 『자본』은 정말로 간명하게 쓴 책입니다. 마르크스는 복잡하고 현학적으로 보이는 현상들을 단순하고 일상적인 것들로 분해합니다. 그는 수식을 거의 사용하지 않을 뿐 아니라 수식을 계산할 때도 초보적 사칙연산을 넘지 않습니다. 그런데도 자본주의사회의 많은 현상들을 큰 어려움 없이 설명해냅니다.

○ 노동일이란 무엇인가

시리즈 6권인 이번 책의 주제인 '노동일'(Arbeitstag)도 그렇습니다. 노동일이란 하루의 노동시간입니다. 지난 책에서 다룬 『자본』 제7장(영어판은 제9장)의 끄트머리에서 마르크스는 노동일에 대해 이렇게 말했지요. 노동일이란 '필요노동'과 '잉여노동'의 합계라고요.[김, 306; 강, 328] 하루 노동시간이란 노동자가 자기 노동력의 가치를 생산하는 시간과 자본가의 잉여가치를 위해 일한 시간의 합이라는 겁니다.

'필요노동＋잉여노동＝노동일.' 정말로 간명합니다. 딱 두 개의 항입니다. 전선이 너무 선명하다고 할까요. 하루 노동 시간 중 한 토막(필요노동 부분)은 노동자가 제 몫을 하는 시간이고 나머지 한 토막은 자본가의 몫을 생산하는 시간입니다. 필요노동시간을 넘어 언제까지 일을 시킬 수 있느냐에 잉여가치량이 달려 있습니다. 자본가로서는 이 시간을 최대한 늘리고 싶을 겁니다. 반면 생명력을 그만큼 더 지출해야 하는 노동자로서는 이 시간을 최대한 줄이고 싶을 거고요.

'1노동일'은 얼마만큼인가. 계산식 자체는 단순합니다. 필요노동시간에 잉여노동시간을 더하면 됩니다. 여기서 필요노동시간은 정해진 것으로 볼 수 있습니다. 주어진 노동력의 가치를 시간으로 표현한 것이니까요. 노동자의 하루 생활에 필요한 수단들의 가치 합계가 6노동시간에 해당한다면 필요노동시간은 6시간입니다.

'노동력의 가치'라는 것에 좀 미묘한 대목이 있기는 합니다. 마르크스는 그 최소한계에 대해서는 '육체적으로 필수 불가결한 생활수단의 가치'라고 했지만 최대한계는 말하지 않았어요. 또한 그는 노동력의 가치에는 해당 사회의 문화적이고 도덕적이며 역사적인 요소들이 개입한다고 했습니다. 노동자가 먹고 입고 쉬며, 사교와 여가와 문화생활을 누리고, 새로운 기술 교육을 받고, 아이를 양육하는 데 아무런 문제가 없는 수준이어야 한다고요. 그렇다면 어떤 항목들을 집어넣어야 하고 그것들을 얼마만큼 보장해야 할까요. 불확실한 부분이 있지요. 여기에는 정치경제학이라는 과학만큼이나 힘이 개입할 겁니다.

그러나 마르크스는 특정 사회, 특정 시점에서 노동력의 가치는 대체로 '주어진 값'으로 간주할 수 있다고 보았습니다. 어느 정도 폭은 있겠지만 평균값 형태로 정할 수가 있다고요. 『자본』에서는 자본가가 이 가치를 제대로 지불했다고 전제합니다. 제대로 지불되었다면 '노동력의 가치'는 '필요노동시간'만큼이 맞습니다. 필요노동시간만큼만 지불하면 정상적 생활을 할 수 있어야 합니다.

문제는 잉여노동시간입니다. 6시간의 필요노동 이외에 노동자는 얼마나 더 일해야 하는 걸까요. 2시간을 더 일하면 1노동일은 8시간이 될 것이고, 4시간을 더 일하면 10시간이 될 겁니다. 1노동일의 길이는 대개 법으로 정해집니다. 오늘날 법정노동일은 8시간입니다. 그러나 그 전에는 10시간이었고, 또 그 전에는 12시간이었습니다. 15시간을 허용한 때도 있었고요. 그런데 과학은 이와 관련해서 말해줄 수 있는 게 없습니다. 왜 노동일이 8시간이어야 하는지, 왜 어떤 때는 10시간이고 또 12시간이었는지 말입니다.

세 가지 서로 다른 노동일의 경우를 생각해보겠습니다. [김, 308; 강, 330]

- 노동일 I   a——b–c
- 노동일 II   a——b——c
- 노동일 III   a——b————c

이 도표에서 필요노동시간은 모두 같습니다(ab의 길이). 잉여노동시간만 다르지요(bc의 길이). 필요노동시간을 6시간, 잉여노동시간을 각각 2시간, 4시간, 6시간이라고 가정해보겠습니다. 그러면 각각의 노동일은 8시간, 10시간, 12시간이 되겠네요. 그럼 잉여가치율을 계산해볼까요. 각각 $\frac{2}{6}$, $\frac{4}{6}$, $\frac{6}{6}$, 즉 어림잡아 33퍼센트, 66퍼센트, 100퍼센트입니다.

그럼 이들 중 어느 것이 올바른 값일까요. 정답은 없습니다. 아니, 앞서 말했듯 누가 말하느냐에 따라 답이 달라집니다. 굳이 골라야 한다면 노동자는 8시간을, 자본가는 12시간을 고르겠지요. 노동자는 더 줄일 수 있다면 줄이려 할 것이고, 자본가는 더 늘릴 수 있다면 늘리려 할 겁니다. 입장에 따라 답변이 다릅니다.

"노동일은 정해질 수는 있지만 그 자체로는(an und für sich) 규정되지 않는다."[김, 307; 강, 330] 결과적으로 정해질 수는 있지만(그래서 법제화될 수도 있지만) 반드시 그 값이어야만 하는 내적 필연성은 없습니다. 과학으로 도출할 수 있는 값이 아니라는 것이지요. 자본가한테는 획득할 수 있는 잉여가치량이 달렸고 노동자한테는 소진될 생명력의 양이 달렸는데도, 정치경제학은 정확한 답을 구해줄 수 없습니다. 어찌 보면 자본주의에서 가장 중요한 문제인데 말입니다.

　우리는 사회마다 업종마다 공장마다 온갖 길이의 노동일이 존재했음을 역사적으로 확인할 수 있습니다. 18시간, 16시간, 14시간, 12시간, 10시간, 8시간 등 노동자의 하루 노동시간은 천차만별입니다. "노동일은 불변적 크기가 아니라 가변적 크기다."[김, 308; 강, 330] 나는 이 말에서 '노동일은 필요노동과 잉여노동의 단순 합계'라는 말 이상의 긴장을 느낍니다. 노동일의 길이는 가변적입니다. 필요노동이 주어졌다 해도 잉여노동이 달라질 수 있으니까요. 정해진 눈금은 없습니다. 양쪽으로 팽팽한 전하(電荷)가 걸려 있는 가운데 바늘이 어디서 멈출지는 아무도 알 수 없습니다.

　　　∘ 1노동일이란 무엇인가

1노동일, 그것은 하루 노동시간입니다. 필요노동시간과 잉여노동시간의 합계지요. 이미 우리가 지난 책에서 묻고 답했던 것입니다. 그런데 이번 책 6권이 다루는 『자본』제8장 제1절에서도 마르크스는 이 물음을 다시 던지고 있습니다. [김, 309; 강, 331]

　사실은 묻는 바가 다릅니다. 지난 제7장에서는 가치 구성요소를 분석함으로써 노동일이 무엇인지 그 정체를 보여주려 했지요. 노동자의 하루 노동시간에는 노동력을 재생산하는 데 필요한 노동시간 말고 순전히 자본가의 몫을 위해 일하는 잉여노동시간이 들어 있다는 것을 말하려고요. 그런데 제

8장 제1절에서는 노동일의 길이가 어떻게 결정되는지를 묻는 겁니다. 8시간, 10시간, 12시간 등의 시간이 어떻게 결정되었는지 말입니다. 이 결정방식을 알면 우리는 노동일의 정체에 대해 또 다른 무언가를 알 수 있을지도 모르겠습니다.

마르크스를 따라서 다시 물어보겠습니다. 1노동일이란 무엇인가. 그것은 자본가가 노동력을 하루 사용하는 시간입니다. 자본가는 노동력의 하루 사용권을 구매했습니다. 그렇다면 자본가는 하루 중 몇 시간 동안 일을 시킬 권리를 얻은 걸까요. 물론 그는 가능한 한 하루를 꽉 채워 사용하고 싶을 겁니다. 그러나 한계는 있지요.

먼저 최소한계부터 생각해볼까요. '0'시간, 그러니까 노동력을 구매해놓고 아무런 일도 시키지 않는 경우를 가정해보죠. 이건 그냥 자선입니다. 자본가가 아니라 자선가가 되는 거죠. 우리는 자본주의 생산양식에서는 최소한계가 이것보다는 훨씬 높다는 걸 압니다. 물건을 샀는데 적어도 손해를 볼 수야 없지요. 노동력을 구매했으니 노동력의 가치만큼은 뽑아야죠. 이게 바로 '필요노동시간'입니다. 앞서 제시한 선분 ab의 길이에 해당합니다. 잉여노동(bc의 길이)이 '0'이 되는 지점이죠. 이게 더는 줄어들 수 없는 노동일의 최소한계일 겁니다. 이 지점 이하에서는 가치증식이 일어나지 않습니다. 정의상 자본이 불가능하죠.

다음으로 최대한계를 생각해봅시다. 일단 신이 설정한 한계가 있습니다. 자본가는 어떻게 해도 하루 동안 25시간 노동을 시킬 수 없습니다. 하루는 24시간이니까요. 실제 노동일은 더 짧죠. 노동력은 다른 상품과 달리 인간생체에 담긴 상품입니다. 생체가 무너지면 노동력이라는 상품 자체가 사라져 버립니다. 그런데 생체는 식사와 휴식과 수면을 필요로 합니다. 시리즈의 지난 책『생명을 짜 넣는 노동』에서 나는 노동력의 지출은 생명력의 지출이라고 했는데요. 그러나 생명체가 하루 동안 지출할 수 있는 생명력에는 한계가 있습니다. 가축이라도 하루 종일 일을 시킬 수는 없습니다. 생명력을 회복할 때까지 먹고 쉬고 자야 합니다.

이것은 육체적 한계와 관련된 이야기고요, 정신적 한계라는 것도 있습니다. 육체에 충전이 필요한 만큼이나 정신도 충진을 필요로 합니다. 노동력의 가치를 결정할 때와 비슷합니다. 노동자에게는 일정 수준의 사회적·도덕적·문화적 충전의 시간이 필요합니다. 사람을 만나고 책을 읽고 영화를 보는 시간도 필요하지요(물론 이런 한계들은 사회마다 편차가 있습니다). 이런 시간들을 고려하면 노동일의 최대한계는 더욱 줄어듭니다.

그러므로 노동일은 무제한적 시간이 될 수 없습니다. 최소한계와 최대한계 안에서 움직입니다. 앞서 상정한 예를 가지고 말하면 최소는 6시간입니다(시리즈의 다음 권에서 더 자세히 보겠지만 노동자들의 생활수단이 저렴해지면 이 시간은 줄어듭니다). 최대는 24시간을 넘을 수 없으니 그보다 낮은 수치입니다. 과연 얼마나 낮을까요. 실제로는 많이 낮아야 하는데요.

현실은 꼭 그렇지만도 않습니다. 『자본』에서 인용한 자료들에 따르면 업종과 업체에 따라 18시간 노동의 예도 나옵니다. 성수기에는 20시간 노동의 예도 나오고요. 아주 먼 이야기는 아닙니다. 전태일의 기록에 다르면 20세기 후반(1970) 서울의 평화시장 노동자들(대부분 십 대 초반의 어린 여공들)은 아침 8시부터 밤 11시까지, 매일 14~15시간 정도의 노동을 했다고 하니까요.[1] 이 정도면 육체적 한계를 넘어서는 시간이죠. 이런 노동일이 몇 달간 지속된다면 노동자의 생명력은 회복 불가능한 타격을 입을 겁니다.

그런데 자본가는 노동력의 '하루 사용권'을 구매했기 때문에 그 '하루'를 최대한 24시간에 가깝게 만들고자 합니다. 24시간 가까운 노동이 불가능하다면(1개월을 구매했는데 보름도 사용할 수 없게 되거나 1년을 구매했는데 반년도 쓰지 못하면 안 되겠지요) 현실적 '극한값'(ultima Thule)을 구할 겁니다. 이는 어떤 악랄한 자본가를 상정하고서 하는 말이 아닙니다. 마르크스는 자본가를 인간의 탈을 쓴 자본으로서 다룹니다. 즉 자본가는 "인격화된 자본"이고, "그의 영혼은 자본의 영혼"이지요.[김, 310; 강, 332] 잉여가치를 향한 자본가의 욕망과 충동은 자본의 가치증식운동이 인격적 형태로 나타난 것뿐입니다. 자본의 생존과 증식은 잉여노동의 흡수에 달렸습니다. 마르크스는 이를 흡혈귀에 비유합니다. 흡혈귀처럼 살아 있는 노동을 흡수함으로써 생명을 얻고 활기를 띠어간다는 것이지요.[김, 310; 강, 332]

중요한 것은 이 충동에 내적 한계가 없다는 점입니다. '자본'의 증식운동에는 내적 제어 원리가 없습니다. '자본가'로 바꾸어 말하면 잉여노동에 대한 자본가의 탐욕에는 내적 한계가 없습니다. 얼마면 됩니까. 자본가의 답변은 한결같습니다. 많을수록 좋지요. 말 그대로 '최대한'입니다. 이 점을 기억해두기 바랍니다. 자본가 스스로 잉여노동에 대한 탐욕을 자제해야 하는 내적 원리 같은 건 없다는 사실 말입니다. 가능하기만 하다면 자본가는 하루 사용권을 24시간 내내 쓰고 싶어합니다. 25시간도 가능하다고 하면 그렇게 할 겁니다. 외적 제약이 없다면 자본가가 잉여가치에 대한 충동을 제어하는 일은 없습니다. 언제나 '최대한'입니다.

◦ 논변과 항변

노동일이란 무엇인가. 두 가지 입장, 두 개의 답변이 있습니다. 마르크스는 이를 논변과 항변의 형식으로 구성했는데요. 먼저 자본가가 나섭니다. 그는 상품교환 법칙을 끌어들이면서 이렇게 말할 겁니다.[김, 310; 강, 332] 상품을 구매하는 사람들의 심정은 똑같을 것이다, 이미 값을 치른 만큼 나는 그것을 최대한 사용할 것이다, 상품의 사용가치에서 최대한의 효용과 최대한의 이익을 짜내야 한다, 노동력은 내가 구매한 상품이다, 노동력의 사용가치란 가치를 증식시키는 것이다, 내가 구매한 상품의 효용을 극대화하는 것, 다시 말해 가치증식을 위해 노동력을 최대한 짜내는 것은 너무나 당연한 권리 아닌가?, 그런데도 "만약 노동자가 나의 처분에 맡겨진 시간을 노동자 자신을 위해 사용한다면 그는 내 물건을 훔치는 것과 같다".[김, 310; 강, 332]

그러자 노동자가 받아칩니다. 마르크스는 이 부분을 연극 대사처럼 처리했지요. "갑자기 생산과정의 질풍노도 속에서 침묵하고 있던 노동자의 목소리가 들려온다."[김, 310~311; 강, 332] 이 '목소리'라는 말이 재밌습니다. 좀 전에 마르크스가 "노동일은 정해질 수는 있지만 그 자체로는 규정되지 않는다"라고 말했는데요. 이때 쓰인 독일어 '정해질 수 있지만'(bestimmbar), '규정되지 않는다'(bestimmt) 그리고 '목소리'(Stimme)는 서로 깊이 연관되어 있습니다. 먼저 '규정'(Bestimmung)이란 '목소리'가 육화된 겁니다.[2] 마치 신의 목소리가 모세의 돌판에 새겨지고 율법이 된 것처럼 말이지요. 마르크스는 아마도 이들 단어상의 연관성을 활용해 이 대목을 표현한 것 같습니다. 자본가가 율법을 선포하려는 찰나에 노동자의 목소리가 울려 나오게 했거든요. 노동일은 정해질 수 있지만, 다시 말해 법으로 규정될 수 있지만, 미리 정해진 것은 없다고 말이지요.

마르크스는 직접 인용의 형태로(즉 따옴표를 치고) 노동자의 주장을 펼칩니다. 노동자도 자본가처럼 상품교환 법칙에 입각해 반박합니다. "당신이나 나나 시장에서는 단 하나의 법칙, 즉 상품교환의 법칙밖에 모른다."[김, 311; 강, 332] 노동자의 항변 내용을 간추리면 이렇습니다.

상품교환의 법칙에 따라 내 하루 노동력은 당신이 사용할 수 있다. 그러나 나는 매일 나의 노동력을 판매한 돈으로 노동력을 재생산해야 한다. 내일도 오늘과 같은 힘과 건강, 원기를 가질 수 있어야 한다. 그래야 내일 그것을 다시 팔 수 있을 것이다. 당신은 언제나 내게 아끼라고 했다. 생산수단을 아껴 쓰라고. 당신이 당신 재산을 아끼는 것처럼 나도 내 유일한 재산을 아껴야 한다. 노동력은 내 생명력이므로 함부로 낭비할 수 없다. 그런데 당신은 노동일을 무제한적으로 늘리려고 한다. 내가 사흘은 걸려야 회복할 수 있는 노동력보다도 많은 노동력을 단 하루 동안 써버리려고 한다. 당신이 그만큼 가져간다면 나는 그만큼 잃는 것이다. 내 노동력을 사용하는 것과 강탈하는 것은 다르다. 당신이 가진 것은 노동력에 대하 사용권이지 파괴권이 아니다. 내가 정상적 조건에서 노동할 때 평균 30년을 일할 수 있는데 당신이 그것을 10년 만에 없애버린다면 그것은 내 상품의 가치를 그만큼 강탈한 것이다. 당신은 10년치를 지불하고 30년치를 쓴 것과 같다. 이것은 계약 위반이며, 지불하지 않은 것을 가져간 것이니 상품교환 법칙 위반이다. 그러므로 나는 정상적(normaler) 길이의 노동일을 요구한다. 당신의 가슴에 호소하는 게 아니다. 돈 문제에 관한 한 인정이 통하지 않는다는 걸 나도 알고 당신도 안다. 당신이 모범시민이든, 동물학대방지협회 회원이든, 심지어 당신이 성인(聖人)이라는 평판을 든든 상관이 없다. 내가 요구하는 것은 딱 하나 표준노동일(정상적 노동일, Normalarbeitstag)이다. 상품을 판매하는 사람들의 심정은 똑같다. 나는 내 상품의 값을 정확히 치르라고 말하는 것이다. 지불하지 않은 것을 가져가서는 안 된다.[김, 311~312; 강, 333~334]

◦ 마르크스의 몽타주 기법

마르크스는 두 주장을 대립시켰는데요. 자본가의 주장과 노동자의 주장을 표현하는 방식이 다릅니다. 사실 좀 전에 소개한 자본가의 말은 직접 인용이 아닙니다. 자본가의 논리를 마르크스가 풀어 쓴 것이죠. 자본가의 논리란 자본의 논리입니다. 반면 노동자의 주장에 대해서는 따옴표를 쳐서 직접 인용하는 형식을 취했습니다. 자본가의 '말'을 논리 즉 로고스(logos)로 취급했다면 노동자의 '말'은 목소리 즉 포네(phōné)로 취급했다고 할까요. 노동자의 말에 논리가 없다는 뜻이 아닙니다. 마르크스는 노동자의 경우 논리에 특별히 '음성'을 입힌 겁니다.

마르크스가 노동자의 주장을 소개하기 전에 쓴 문장을 다시 한 번 꼼꼼하게 읽어볼 필요가 있습니다. "갑자기 생산과정의 질풍노도 속에서 침묵하고 있던 노동자의 목소리가 들려온다." 마르크스는 노동자의 목소리가 '생산과정 속에서'는 '침묵'하고 있었다고 했습니다. 생산과정에서 노동자는 자본가에게 목소리를, 그것도 대등한 목소리를 낼 수 있는 존재가 아닙니다. 생산과정이란 자본가가 상품으로서 노동력을 소비하는 과정입니다. 여기서 노동력은 하나의 상품입니다. 노동자는 노동력을 담지한 생체라는 의미만 갖습니다. 탈인격화되는 거죠. 생산과정에서는 자본가가 노동력과 생산수단의 소유자이자 사용자입니다. 그래서 생산물도 자본가의 소유물인 겁니다.

자본가의 논리를 자본의 운동으로 바꾸어 말할 수도 있는데요. 자본은 불변자본(생산수단)과 가변자본(노동력)으로 분화한 뒤 생산과정을 거쳐 더욱 증식된 자본(생산물)으로 통일됩니다. 생산과정이란 자본의 자기증식운동이죠. 여기에는 자본의 타자가 존재하지 않습니다. 노동력도 가변자본으로서 자본의 한 형태에 불과합니다. 그러므로 자본의 '논리'만이 있을 뿐 노동자의 '말'은 존재하지 않습니다.

그런데 마르크스가 나란히 배치한 자본가의 논변과 노동자의 항변이 모두 '상품교환 법칙'에 입각하고 있다는 게 흥미롭습니다. 상품교환 법칙은 유통영역을 규제하는 법칙이죠. 유통영역에서는 자본가와 노동자가 구매자와 판매자로서 대등한 인격체입니다. 자유와 평등의 영역이죠. 자본가가 구매자로서 논변을 펼친다면 노동자는 판매자로서 대등하게 항변할 수 있습니다.

더욱 흥미로운 사실은 마르크스가 직접 인용한 글의 출처가 파업 성명서였다는 것입니다. 그는 각주에서 이 점을 밝히고 있는데요.[김, 312, 각주 6; 강, 334, 각주 40] 1860~1861년에 런던의 건축 노동자들이 9시간 노동일을 요구하며 파업을 벌였습니다. 마르크스가 따옴표를 쳐서 인용한 것은 이때 나온 성명서입니다. 인용 문구 중 '당신이 성인의 평판을 듣든'

이라는 표현은 당시 탐욕적인 건축업자 중 한 사람이었던 '피토' 경(Sir M. Peto)을 겨냥한 것인데요. 마르크스는 『자본』이 출간된 1867년에 그가 몰락했다며 그 사실을 쌤통이라는 듯이 주석에 적어두었습니다.

파업 때 나온 글이라는 점이 흥미롭다고 했는데요. 파업이란 생산과정의 중단입니다. 자본의 가치증식운동이 중단된 상태인 거죠. 자본 논리의 중단이고 자본가의 말이 통하지 않는 순간입니다. 마르크스는 그래서 '갑자기' 노동자의 목소리가 들려온다고 한 것이죠. 이 '갑자기'라는 말은 '사건'을 의미합니다. 논리의 중단이고 운동의 중단인 것, 그게 바로 사건입니다. 파업이라는 사건은 노동자의 인격적 지위를 복원시킵니다. 단지 노동력을 담은 생체에 지나지 않던 노동자를 자기 목소리를 가진 주체로 만드는 거죠. 다시 인간으로 돌려놓는 겁니다.

자본가의 논리, 자본의 운동이 그 이상 진행되지 않는 순간 노동자의 목소리가 들려왔습니다. 이때 노동자의 말은 자본가의 말에 밀리지 않습니다. 오히려 자본가의 말과 팽팽한 대치 국면을 형성합니다. 마르크스는 의도적으로 텍스트를 이렇게 구성한 겁니다. 과거 파업 현장의 목소리를 여기에 오려 붙였지요. 소위 몽타주(montage) 기법을 썼습니다.[3]

참고로 몽타주 기법의 이런 효과를 잘 인식했던 사람이 발터 베냐민입니다. 그는 『아케이드 프로젝트』에서 몽타주를 "이 프로젝트의 방법"이라고 불렀습니다.[4] 몽타주는 '현재'

(Gegenwart)에 파국을 불러올 수 있는 '과거'의 텍스트를 현재와 나란히 붙여놓는 방법입니다. 그렇게 되면 '현재'와는 다른 시간, 베냐민이 '지금'이라고 부르는 시간(Jetzt 혹은 Jetzt-zeit)이 만들어집니다. '현재'가 연속적 역사(과거-현재-미래) 속에 있는 시간이라면 '지금'은 이 연속성에서 이탈하는 순간입니다. 역사의 기차가 궤도를 벗어난 순간이라고 할 수 있죠. '지금'에서는 과거가 더는 지나간 정거장으로 취급되지 않습니다. '지금'은 흐르는 시간이 아닙니다. 여기서는 과거와 현재가 정지한 이미지들로서 대등하게 놓입니다. 그런데 몽타주 기법 속에서 현재와 나란히 놓인 과거는 단순한 과거가 아니라 현재에 파국을 불러올 수 있는 그런 과거이기 때문에 배치의 긴장감이 무척 높아집니다. 어떤 도약과 각성이 일어날 것 같은 순간이죠.[5]

지난 책에서 나는 자본에 의한 역사의 전유에 관해 짧게 언급한 바 있습니다(『생명을 짜 넣는 노동』, 46쪽). 자본은 생산수단을 전유하면서 역사도 전유한다고요. 근대의 역사를 자본의 생애사로 보는 것은 자본 물신주의의 역사적 판본이라 할 수 있습니다. 자본을 만들어낸 이야기가 자본이 만들어낸 이야기가 되고 말지요. 자본이 역사적으로 특정한 사회적 관계라는 사실이 망각됩니다. 자본주의 이전의 역사는 자본을 낳기 위해 준비된 역사가 되고, 자본주의 이후는 자본이 스스로 써내려간 역사처럼 보이지요. 가치의 생산과 증식이 노동이 아니라 자본의 운동으로 나타나는 것처럼요. 『자본』은 우리 눈에 그것이 왜 그렇게 '보이는가'를 해명하는 책입니다.

실제로 제8장 제1절의 노동자가 항변하는 대목에서는 이런 구절이 나옵니다. "나에 대해 당신이 대표하는(재현하는, repräsentierst) 그것은 가슴속에 심장을 갖고 있지 않다. 그곳에서 뛰는 것처럼 보이는(scheint) 것은 내 자신의 심장의 고동이다."[김, 312; 강, 333~334] 말하자면 '자본'은 살아 있는 것처럼 '보이는' 것이지 실제로 살아 있는 게 아닙니다(물론 물신주의에 대해 언제나 덧붙이는 말처럼 이것은 주관적 착시가 아니라 역사적 사회형태에 따른 객관적이고 집단적인 착시입니다).

물론 마르크스가 인용한 파업 노동자의 목소리가 6~7년 전의 것이라고 해서 '과거'라고 생각할 필요는 없습니다. 과거라기보다는 동시대 자본의 논리 아래서 침묵했던 목소리죠. 따라서 파업 노동자의 목소리가 등장하면서 중단된 것은 자본의 역사적 진행이라기보다는 논리적 진행입니다(둘이 무관한 것은 아니지만, 지금은 자본의 논리적 진행을 다루고 있으니까요. 즉 역사적인 것이 아니라 논리적인 것이니까요). 이 목소리가 파업 때 나왔다고 했는데요. 실은 이 목소리 자체가 파업입니다. 자본가의 말, 자본의 논리에 대한 파업이라고 할 수 있죠.

어찌 보면 노동일에 관한 장 전체가 파업의 느낌을 줍니다. 파업 중인 노동자들이 자본가의 탐욕을 고발하면서 자신들이 겪은 일을 토로하고 서로의 투쟁을 독려한다고 할까요. 이전 장들과는 사뭇 느낌이 다릅니다. 이론적으로 이해하기 어려운 내용은 없는데, 감정적으로는 읽어나가기가 쉽지 않습니다. 분량도 많습니다. 하지만 이 장(독어판은 제8장, 영어판은 제10장)을 모두들 부디 빠짐없이 꼭 읽기를 바랍니다. 그리고 여기서는 '이해하는 독서'보다는 '체험하는 독서'가 필요합니다. 자기 심장의 고동 소리를 들어보세요.

○ 힘이 결정한다

자, 논변과 항변의 결론을 내야겠죠? 누구의 말이 옳은가. 상품을 구매한 이상 구매자에게는 그것을 최대한 사용할 권리가 있다는 자본가의 말은 옳습니다. 상품을 판매한 것보다 더 많이 가져간다면 판매자를 강탈하는 것과 같다는 노동자의 말도 옳습니다. 노동자가 판매한 상품은 좀 특수한 상품으로, 그것은 소유권을 넘기는 게 아니라 사용권을 넘기는 것인데 정상적 조건(표준노동일)을 넘어서 사용하면 상품 자체의 수명이 단축되거나 파괴됩니다. 이는 양도한 사용권의 범위를 넘어선 것입니다.

둘 다 옳습니다. 어떤 상품이든 상품인 한에서 그것을 어떻게 사용할지는 구매자 소관이라고 말하는 자본가나, 노동력의 과도한 사용은 판매하지 않은 것을 강탈한 것과 같다고 말하는 노동자나 모두 옳습니다. 한쪽은 구매자의 권리를 주장한 것이고 다른 한쪽은 판매자의 권리를 주장한 것이지요.

이에 대해 상품교환 법칙은 말해줄 수 있는 게 없습니다. 자본가의 논변과 노동자의 항변이 입각해 있는 상품교환 법칙은 양쪽의 주장을 모두 허용합니다. 애초 상품교환의 본성에서는 '노동일의 한계', '잉여노동의 한계' 같은 것을 도출할 수 없습니다.[김, 313; 강, 334] 상품교환 법칙은 시장에서의 등가교환까지만 말해줍니다. 자본가가 노동력을 구매할 때 그 가치대로 정확히 지불할 것만을 규정하지요. 노동일 중에서 '필요노동시간'에 해당하는 부분까지만 말해주는 겁니다. 그것을 넘어설 경우에는 어느 값이(얼마만큼의 시간이) 올바른 값인지를 판별해주지 못합니다. '잉여노동시간'에 대해서는 둘의 말이 모두 성립한다는 것이지요.

양쪽 모두가 정당성 즉 노모스를 갖추었습니다. 그런데 둘이 충돌합니다. 노모스 대 노모스, 올바름 대 올바름, 권리 대 권리가 충돌하는 겁니다. 이것이 '이율배반'입니다. 마르크스는 자본가의 주장과 노동자의 항변을 나란히 놓고는 이렇게 말합니다. "여기서는 권리 대 권리(Recht wider Recht)라는 이율배반(Antinomie)이 발생하는데, 이들 권리는 똑같이 상품교환의 법칙에 의해서 보증되는 것들이다."[김, 313; 강, 334]

일종의 논리적 궁지가 생겼습니다. 어떻게 벗어날 수 있을까요. 칸트(Immanuel Kant)도 이와 비슷한 이율배반에 대해 언급한 바 있습니다. 그에 따르면 우리의 이성이 경험 영역을 넘어서까지 추론을 진행할 때 이런 문제가 생겨납니다. 이성적으로는 올바르지만 경험을 통해 확증할 수는 없는 주장들이 생겨나죠. 똑같이 타당하고 똑같이 필연적인데 내용은 상반되는 주장들이 가능하다는 거죠.[6] 이를테면 이성적 추론을 통해 우리는 "세계에는 원인으로서 필연적 존재자인 어떤 것이 있다"라고 말할 수도 있고, "그런 필연적 존재자는 세계 안이든 밖이든 어디에도 없다"라고 말할 수도 있습니다. 경험으로는 확인할 수 없지만 논리적으로는 모두 말이 됩니다. 엄격한 이성적 추론을 거친 것들이죠. 그렇기 때문에 논리적 반박으로는 상대방을 물리칠 수 없습니다.

칸트는 이율배반을 어떻게 해결했을까요. 그는 해결할 수 없다고 했습니다. 하지만 무해하게 만들 수는 있다고 했지요.[7] "서로 다투는 권리에 대해 아무것도 결정짓지 못하지만" 싸움의 당사자들을 서로 "이해하게" 만드는 겁니다.[8] 그러려면 각각의 주장에 반영된 이성의 관심을 이해해야 합니다. 그에 따르면 한쪽의 주장(세계의 필연적 원인인 존재자가 실존한다는 주장)은 우리 경험에 근거하지 않은 독단적이고 교조적인 것이지만, 우리로 하여금 경험적 현상들을 넘어서는 어떤 예지적 대상을 찾도록 만듭니다. 칸트는 이것을 "실천적 관심"이라 부르는데요. 이런 관심이 도덕과 종교의 초석이 됩니다. 다른 쪽의 주장은 철저히 경험 법칙에 입각해 필연적 인식을 얻으려는 태도에서 나온 것인데요. 칸트는 이것을 "사변적 관심"이라 부릅니다. 우리는 이 사변적 관심 덕분에 자연에 관한 명확한 인식을 얻을 수 있고, 신과 같은 초월적 존재를 경험의 영역에서 찾아보려는 오류를 물리칠 수 있습니다. 둘 중 어느 것이 옳다고 결정할 수는 없지만 둘의 관심과 둘의 영역을 구분한다면, 다시 말해 도덕 내지 종교의 영역과 과학의 영역을 구분해준다면 이성의 이율배반은 해를 끼치지 않습니다.

그런데 노동일을 둘러싼 자본가와 노동자의 대립을 이런 방식으로 해소할 수 있을까요. 불행히도 자본가의 관심과 노동자의 관심은 이성의 '실천적 관심'과 '사변적 관심'처럼 따로 떼어놓을 수 있는 것이 아닙니다. 자본가의 관심은 잉여가치를 늘리는 데 있고 노동자의 관심은 생명력을 지키는 것인데, 이는 별개의 관심이 아닙니다. 서로 다른 영역, 서로 다른 것에 대한 관심이 아니라는 말입니다. 이름만 다를 뿐 실상은 동일한 것이죠. 자본가의 잉여가치란 노동자의 추가 지출된 생명력에 다름 아니니까요. 잉여가치율을 높인다는 말과 착취도가 올라간다는 말은 같은 말입니다.

그럼 어떤 해결책이 가능할까요. 노동일의 눈금은 어떻게 결정되는 걸까요. 마르크스는 단호하게 말합니다. "동등한 권리와 권리의 사이에서는 힘이 사태를 결정한다."[김, 313; 강, 334] 16시간, 14시간, 12시간, 10시간, 8시간. 노동일의 역사적 표준화(Normierung)는 과학과 논리를 통해 도출해낸 게 아닙니다. 그것은 "총자본가 즉 자본가계급과 총노동자 즉 노동자계급 사이의 투쟁"의 결과물이죠.[김, 313; 강, 334] 추론의 결과가 아니라 투쟁의 결과입니다. 우리가 이제부터 읽어나갈 '노동일에 관한 장'은 권리를 둘러싸고 노동자계급이 자본가계급과 벌여온 힘겨운 투쟁의 역사입니다.

2

자본주의는 과로사회

선진 자본주의사회가 된다 해도
노동자들의 '과로'는 사라지지 않습니다.
과로는 자본주의적 생산 자체의 성격에서
나오는 것이니까요.
과로는 자본주의의 원리입니다.
이미 '자본'의 정의에 그런 의미가 들어 있습니다.
자본을 정의하는 것은 잉여가치이고
잉여가치의 실체는 잉여노동입니다.
잉여노동이란 필요 이상의 노동입니다.
여기에 이미 '과로'라는 뜻이 담겨 있지요.
잉여노동을 얼마나 뽑아냈느냐에 따라
과로의 정도가 달라질 뿐이지
과로가 자본을 가능케 한다는 사실 자체에는
변함이 없습니다.

THE CONDITION OF THE LABORING MAN AT PULLMAN.

"풀먼 사에서 일하는 노동자가 처한 상황",
『시카고 레이버 뉴스페이퍼』, 1894. 7. 7.
마르크스에 따르면, 자본가는 인격화된 자본이고 그의 영혼은 자본의 영혼이다.
이렇게 전제할 때 자본가의 욕망은 '가치증식'으로 단순화되고,
그것은 오로지 살아 있는 노동을 흡수함으로써만 이루어진다.
결국 노동일을 최대로 늘리고 싶은 자본가의 갈망은
곧 잉여노동에 대한 갈망이다.

자본가는 왜 노동일을 늘리려 하는가. 노동자를 오래 부리면 그만큼 권력의 쾌감을 오래 느낄 수 있기 때문일까요. 이런 건 『자본』에서 전제하는 합리적 자본가의 형상과는 거리가 멉니다. 엄밀히 말하면 자본가가 원하는 것은 장시간의 노동이 아닙니다. 그가 원하는 것은 잉여가치 즉 잉여노동입니다.

그런데 잉여노동이라는 것이 하루 중 몇 시부터 몇 시까지로 딱 정해져 있는 게 아닙니다. 편의상 우리가 하루 노동시간 12시간 가운데 앞의 6시간을 필요노동시간이라 부르고 뒤의 6시간을 잉여노동시간이라 부른 것뿐입니다. 둘을 바꾸어도 상관이 없습니다. 다른 식으로 상정해도 됩니다. 이를테면 전체 노동일 중 처음 1시간을 필요노동시간, 다음 1시간을 잉여노동시간, 또 다음 1시간을 필요노동시간…… 하는 식으로 생각해도 됩니다. 그러니까 노동일 중 잉여가치는 '이 시간' 동안 생산된다고 그 시간을 콕 집어 말할 수는 없는 겁니다.

예컨대 어떤 영화든 손익분기점이 되는 관객 수가 있을 텐데요. 그렇다고 손실을 막아주는 관객과 이익을 남겨주는 관객이 따로 있는 것은 아닙니다. 이익이 생겨나는 것은 관객 개개인의 성격이 아니라 전체 합계에 달린 문제입니다. 이론적으로는 필요노동시간과 잉여노동시간을 나누고 그것이 합해져 노동일이 된다고 말하고 있지만, 실제로는 노동일을 늘리는 것 외에 잉여노동시간만 따로 늘릴 방법은 없습니다. 그냥 전체 관객 수가 늘어나면 영화사의 수익이 늘어나는 거죠.

∘ 잉여노동에 대한 갈망

그러므로 노동일 확장에 대한 자본가의 열망을 우리는 노동일 자체보다는 잉여노동에 대한 열망으로 읽어야 합니다. 그가 노동일을 늘리려 하는 것은 그것이 잉여노동을 늘리는 (지금으로서는) 유일한 길이기 때문입니다. 『자본』제8장(영어판은 제10장) 제2절에서 마르크스는 이 열망을 'Heißhunger'라는 단어로 표현했습니다. '격렬한(heiß-) 굶주림(Hunger)'이라는 뜻이니, 우리말로 옮기면 '걸신들리다' 내지 '기갈 들다' 정도로 표현할 수 있겠습니다. 단순한 열망이 아닌 것이죠. 일단은 '갈망'으로 옮겨두겠습니다만, 정신 못 차릴 정도의 강한 욕구를 나타냅니다.

마르크스는 자신이 '자본가'를 '인격화된 자본'으로 다룬다는 점을 여러 번 환기하는데요. 『자본』의 서문에서도 그랬고 교환과정을 다룰 때도 그랬으며 화폐가 자본으로 전화하는 것을 다룰 때도 그랬습니다. 지금 우리가 읽고 있는 제8장에서도 이 점을 재확인시키지요. 자본가는 인격화된 자본이고 그의 영혼은 자본의 영혼이라고요. 이렇게 전제할 때 자본가의 욕망은 하나로 단순화됩니다. 바로 가치의 증식이죠. 가치의 증식은 오로지 살아 있는 노동을 흡수함으로써만 이루어집니다. 살아 있는 노동을 빨아들여 생명을 연장하는 것, 이에 대해 마르크스는 꼭 '흡혈귀' 같다고 했었죠.

그런데 나는 잉여노동에 대한 자본가의 '기갈 들린' 욕망을 묘사할 때는 '흡혈귀'보다 '좀비'가 더 적절하지 않나 생각합니다. 흡혈귀, 이를테면 드라큘라 백작은 자본가의 냉정한 이미지에 더 부합하는 것 같습니다. 그의 흡혈은 주도면밀한 계획 아래서 이루어집니다. 기갈 들린 듯 달려들지 않습니다. 반면 좀비에게는 내적 제어장치가 없습니다. 살아 있는 피를 향해 마구 달려들죠. 요컨대 자본가의 '냉정'에 부합하는 이미지가 흡혈귀라면 자본가의 '열정'에 부합하는 이미지가 좀비라고 할까요. 이 점에서 살아 있는 노동에 대한 자본가의 기갈 들린 이미지, 내적 제어장치가 없는 욕망에는 좀비적 요소가 있습니다.

물론 잉여노동이 자본주의에만 있는 것은 아닙니다. 고대의 노예도, 중세의 농노도 자기 먹을 것만 생산할 수는 없었습니다. 주인이나 영주의 생활수단도 생산해야 했지요. 누군가가 일하지 않고 먹고산다면 누군가는 자기 먹고사는 것 이상으로 일을 해야 합니다. 자본주의 생산양식 이전에도 노동하는 인간 중 상당수는 잉여노동을 수행했습니다.

하지만 과거의 생산양식, 과거의 사회구성체에서는 잉여노동에 대한 욕망이 자본주의만큼 크지는 않았을 겁니다. 생산의 목적이 교환가치(가치)가 아니라 사용가치인 곳에서는 잉여노동에 대한 욕망이 무제한적이지 않습니다.[김, 314; 강, 335] 물욕과 치부욕의 차이지요(『화폐라는 짐승』, 167~169쪽). 인간의 욕망이란 끝이 없다고들 하지만 물욕에는 한계가 있을 수밖에 없습니다. 아무리 좋아하는 물건이라 하더라도 인간이 유한한 존재인 이상 누릴 수 있는 양에 한계가 있으니까요. 하지만 치부욕은 다릅니다. 100조 원을 가진 사람이 1000조 원을 갖고 싶은 게 치부욕입니다. 세상 제일의 부자도 만족을 모르는 게 치부욕이죠.

영주는 농노에게 밀과 목화를 재배하고 소와 양을 기르게 할 수 있습니다. 얼마만큼이냐 하면 영주 일가와 가신들이 충분히 먹고 입을 만큼 그리고 성을 방문하는 손님에게 생색내며 퍼줄 만큼이요. 그 양이 엄청나다고 할지라도 거기에는 한계가 있습니다. 그런데 그 영주가 생산물들을 팔아 돈을 벌 생각이라면 어떨까요. 그는 얼마만큼이면 충분하다고 말할까요. 여기에는 한계가 없습니다. 최대한 많이 생산하라고 그러겠죠.

분명 과거에도 잉여노동에 대한 욕망은 있었습니다. 그리고 어떤 곳에서는 잉여노동에 대한 갈망이 살인적으로 표출된 예도 있었을 겁니다. 이런 갈망은 생산 자체의 성격에서 나온 게 아닙니다.[김, 314; 강, 335] 권력자 개인의 탐욕적 성격 때문일 수는 있지만 생산의 성격에는 그래야 할 이유가 없습니다. 그러니까 고대사회에서 사람들을 혹사하는 과도한 노동이 있었다면 그것은 자의적이거나 예외적인 것이죠. 참고로 마르크스에 따르면 고대에도 "교환가치를 자립적 화폐 형태로 얻으려는 곳", 즉 금과 은의 생산지에서는 살인적 형태의 노동이 강요되었습니다.[김, 314; 강, 335] 물건들이 아니라 돈이 떠오른 곳, 다시 말해 치부욕이 전면화된 곳에서는 노동이 가혹했다는 겁니다.

이는 노예노동이나 부역노동이 사라지지 않은 채로 자본주의에 편입된 사회에서 살인적 노동이 나타나는 이유이기도 합니다. 전통적 예속과 억압이 유지된 채로 잉여가치 획득을 위한 상품생산이 이루어지는 경우지요. 그렇게 되면 '야만적 잔학성'에 '문명화된 잔학성' 즉 '과로'까지 덧씌워집니다.[김, 314; 강, 335] 이것이 미국의 남부에서 일어난 일입니다. "미국 남부 여러 주의 흑인노동도 생산이 주로 직접적 자가수요를 지향하고 있을 동안에는 적당한 가부장제적 성격을 유지하고 있었다. 그러나 면화의 수출이 이들 남부 여러 주의 사활 문제가 되어감에 따라 흑인에게 과도한 노동을 시키는 것이 수지타산에서 중요한 요인이 되어버렸고, 그 결과 흑인의 생명은 7년의 노동으로 모두 소진되어버리게 되었다."[김, 314~315; 강, 336]

과거에는 가축도 함부로 일을 시키지 않았습니다. 함께 지내면서 생겨난 정서 때문이기도 했겠지만 혹사해서 문제가 생기면 재산상 손실도 컸을 테니까요. 하지만 아프리카에서 노예사냥이 본격화되고 상품으로서 노예의 공급이 활발해지자 굳이 비용을 들여 보살필 필요가 없게 된 겁니다. 이익을 위해 자원을 탕진하듯 아무런 거리낌 없이 인간생명을 탕진했겠지요. 이것이 노예제와 자본주의가 만났을 때 일어난 일입니다.

◦ 자본주의적 흡혈귀와 봉건주의적 흡혈귀

『자본』제8장 제2절의 제목이 재밌습니다. "잉여노동에 대한 갈망: 공장주와 보야르." 보야르(Bojar)는 러시아와 동유럽의 봉건 대지주를 부르는 이름입니다. 그러고 보니 브램 스토커(Bram Stoker)의 소설 『드라큘라』의 주인공인 드라큘라 백작이 바로 보야르였습니다(이에 대해서는 부록노트를 참조하세요). 마르크스는 자본가와 봉건지주 중 어느 쪽의 갈망이 더 큰지 비교하려는 것처럼 제목을 달았는데요. 마치 현대 자본주의적 흡혈귀와 봉건주의적 흡혈귀의 대결 같습니다. 갈망의 강도만을 비교하는 것은 아닙니다. 갈망의 표출 형태도 다르니까요. 어떻든 둘을 비교해보는 것은 잉여노동에 대한 자본가의 열망을 이해하는 데 큰 도움이 됩니다.

우선 보야르가 통치하는 도나우 지역의 공국들에서는 영국의 공장보다 잉여노동을 확인하기가 더 쉽습니다. 앞서 말한 것처럼 우리는 자본주의 공장에서의 노동일을 편의상 필요노동과 잉여노동으로 나누기는 하지만 특정 시간을 잉여노동시간으로 분리해서 말할 수는 없습니다. 반면 봉건제에서 잉여노동은 '부역노동'의 형태를 취하므로 노동자가 감각적으로 알 수 있습니다. 봉건제에서는 필요노동과 잉여노동이 시간과 장소를 달리해서 이루어지니까요. 어제는 자기 밭에서 일하고 오늘은 영주의 밭에서 일하는 식이죠.

잉여가치율이 같더라도 잉여노동이 나타나는 형태가 다른 겁니다. 이 때문에 필요노동과 잉여노동의 구분이 선명치 않은 자본가의 경우 잉여노동에 대한 갈망이 노동일 전체를 연장하려는 충동으로 나타납니다. 반면 보야르는 잉여노동만 늘리는 게 가능하지요. 즉 잉여노동에 대한 그의 갈망은 더 많은 부역노동일에 대한 요구로 나타납니다.[김, 315~316; 강, 337]

잉여노동에 대한 보야르의 갈망도 상당했던 것 같습니다. 농노제에서 농노들은 현물도 바쳐야 했지만 무엇보다 부역을 해야 했습니다. 도나우 지역에서는 부역노동이 가장 중요한 공납이었다고 하는데요. 마르크스에 따르면 여기서는 부역노동이 농노제에 기초했다기보다 농노제가 부역노동 때문에 생겨났습니다.[김, 316; 강, 337] 과도한 부역노동 때문에 땅을 가진 농민들이 몰락해 농노가 되었던 거죠.

루마니아의 경우 토지는 애초 공동소유였는데요. 일부는 개인들이 자유롭게 경작했고 일부는 공동으로 경작했다고 합니다. 그런데 군대와 교회 지도자들이 공동 경작지를 횡령하고 자유농민들에게 부역노동을 강요하면서 공동소유제가 무너지고 농노제가 만들어졌습니다. 그러다가 나중에 러시아가 들어와 이 체제를 법제화해버렸지요. 보야르들의 요구를 반영해 강제 부역노동에 관한 법을 제정한 겁니다. 이것이 그 유명한 '레글르망 오르가니크'(Règlement Oranique)라는 부역노동 법전입니다.

가혹하기로 악명 높은 법전인데요. 과연 농민들은 얼마만큼의 잉여노동을 제공했을까요. 그런데 생각보다 높지 않습니다. 편법적으로 이루어진 관행까지(이를테면 하루 노동량으로 규정된 일이 실제로는 사흘치 노동에 해당하는 식이죠) 고려해도 잉여가치율이 '겨우' 66퍼센트 남짓입니다. 이 지역의 기후를 고려하고 교회에 가야 하는 일요일 등을 제외하면 실제 농경일은 1년에 140일 정도 되는데, 그중 56일은 부역노동에 종사해야 하는 겁니다. 사실 정말로 많은 양이죠. 140일 중 56일을 부역노동에 바친다면 농부가 자신의 밭을 돌볼 수 있는 날은 84일밖에 되지 않습니다. 필요노동에 비해 잉여노동의 비율이 너무 높습니다. 혹독한 착취죠. 그런데도 방금 나는 '겨우' 66퍼센트 남짓이라고 했습니다.

지난 책에서 본 '시니어의 최후의 1시간'을 기억할 겁니다. 11시간 30분의 노동일에서 1시간만 줄여도 자본주의에 종말이 올 것처럼 말했던 시니어 교수 말입니다. 그때 잉여노동을 1시간 줄인다고 가정하고 우리가 계산했던 잉여가치율은 80퍼센트가 넘었습니다. '레글르망 오르가니크'에 규정된 부역노동은 "영국의 농업노동자나 공장노동자의 노동을 규제하는 잉여가치율에 비하면 훨씬 작은 것"이죠.[김, 318; 강, 339]

영국의 공장주와 도나우 지역의 보야르 중 누가 잉여노동들을 더 많이 뽑아냈는가. 정확히 판단하기는 어렵습니다. 보야르가 얼마나 법을 준수했는지 알 수가 없으니까요. 다만 도나우 지역의 악명 높은 부역노동 법전(1831)과 비교해도 영국 공장들(1833년 공장법)이 그리 밀리지 않았다고는 확실히 말할 수 있겠습니다. 그리고 실제로도 영국 공장의 잉여가치율이 더 높았을 가능성이 큽니다. 이는 우리로 하여금 소위 문명화된 자본주의 공장의 착취도를 다시 생각해보게 하지요.

도나우의 부역노동 법전 '레글르망 오르가니크'처럼 영국에도 '공장법'이 있었는데요. 둘은 차이가 있습니다. '레글르망 오르가니크'는 잉여노동을 강제하는 법이죠. 잉여노동에 대한 보야르들의 갈망을 반영한 법입니다. 반면 영국의 공장법은 잉여노동에 대한 규제를 담은 것입니다. 노동일을 더는 늘릴 수 없도록 자본가들의 충동을 통제하는 법이죠.[김, 318; 강, 339]

공장법은 언뜻 보면 영국이 도나우 지역의 나라들보다 더 인도주의적이고 문명화된 사회임을 보여주는 것 같습니다. 노동자들의 혹사를 막고 있으니까요. 그런데 이렇게 생각해볼 수도 있겠습니다. 오죽하면 이런 법이 필요할까! 대강의 계산으로는 영국 공장의 잉여가치율이 도나우 지역보다 높았으면 높았지 더 낮지 않았습니다. 게다가 공장법에는 자본가가 노동일 연장에 대한 충동을 스스로는 멈추지 못할 것이라는 생각이 반영되어 있습니다. 외적 규제가 없는 한 끝까지 갈 거라는 얘기죠.

공장법이 제정된 배경에는 영국 노동운동의 성장이 있습니다(이에 대해서는 조금 뒤에 다루기로 하고요). 그런데 마르크스는 공장법 제정이 자본 전체의 이익을 위해서도 필요했다고 말합니다.[김, 318; 강, 340] 자본가의 탐욕을 제어하지 않으면 잉여가치의 기반인 노동자들의 생명력 자체가 고갈될 지경이었으니까요. 이는 농부들이 지력을 유지하기 위해 경작지에 비료를 주거나 주기적으로 경작을 쉬는 것과 같습니다. 경제적 관점에서도, 그러니까 자본가를 위해서도 국가가 이윤을 향한 맹목적 충동을 제어할 필요가 있었던 거죠.

∘ 자본주의는 원리상 과로사회다

자본주의는 문명사회이면서 과로사회입니다. '과로'란 일종의 '문명화된 잔학성'이라 할 수 있어요. 과로는 결코 미개함의 표시가 아닙니다. 자본주의 문명과 함께 퍼져가는 것이니까요.

마르크스는 19세기 중반 미국의 가장 자유로운 주였던 매사추세츠 주가 자신의 진보성을 뽐내며 내세운 노동일 규제에 대해 한마디 했는데요.[김, 367; 강, 387] 당시 매사추세츠 주는 12세 미만 아동에게는 하루 10시간, 주 60시간 이상의 노동을 시키지 말라고 했습니다. 바꾸어 말하면 12세 미만의 아이들에게 하루 10시간, 주 60시간까지는 일을 시킬 수 있었던 것이지요. 마르크스에 따르면 이것은 17세기 말까지만 하더라도 영국에서 '혈기왕성한' 수공업자나 '몸집이 거구인' 대장장이의 표준노동일이었습니다.

과로는 자본주의가 발달한 곳에서 먼저 시작됩니다. 그러고는 중심부 국가에서 주변부 국가들로, 대기업에서 중소기업들로 이전됩니다. 상품생산의 사슬을 따라 주변부로, 아래로 떠넘겨지는 거죠. 출발이 늦은 곳, 기술 개발이 늦고 설비 투자가 충분하지 않은 곳에서는 앞선 주자를 따라잡기 위해 혹은 경쟁에서 살아남기 위해 노동자들을 더 혹사할 겁니다. 장시간 노동과 저임금으로 가격 경쟁력을 확보하는 거죠.

그렇다고 선진 자본주의사회로 넘어가면 과로가 사라지느냐. 그렇지도 않습니다. 일정 부분 주변으로 전가될 수는 있겠지만 사라지지는 않습니다. 과로는 자본주의적 생산 자체의 성격에서 나오는 것이니까요. 과로는 자본주의의 원리입니다. 이미 '자본'의 정의에 그런 의미가 들어 있습니다. 자본을 정의하는 것은 잉여가치이고 잉여가치의 실체는 잉여노동입니다. 잉여노동이란 필요 이상의 노동입니다. 여기에 이미 '과로'라는 뜻이 담겨 있지요. 잉여노동을 얼마나 뽑아냈느냐에 따라 과로의 정도가 달라질 뿐이지 과로가 자본을 가능케 한다는 사실 자체에는 변함이 없습니다.

과로가 자본주의의 원리라는 점은 그것이 호황이든 불황이든 상관없이 나타난다는 데서도 엿볼 수 있습니다. 사실 호황기에 과로가 나타나는 것은 일정 부분 이해할 수도 있습니다. 이른바 '대목'을 놓치면 안 되니까요. 이때는 공장이 풀가동됩니다. 없는 '손'도 쓸 판인데 있는 '손'은 말할 것도 없지요. 노동자들은 철야노동을 합니다.

불황에는 어떨까요. 일감이 줄어드니 생산을 축소시킬 수밖에 없지요. 기계가동률도 낮출 겁니다. 노동일도 줄어야겠지요. 그런데 과연 그럴까요? 오히려 노동일 연장의 갈망은 더 커집니다. 그나마의 이윤이라도 지키려면 일감이 줄어든 만큼 잉여노동을 더 확보해야 하니까요.[김, 321~322; 강, 342] 노동시간을 줄이니 차라리 고용을 줄이겠지요. 그러다 보면 남은 노동자들의 노동일과 노동강도는 더 올라갑니다. 이전보다 더 큰 과로에 시달리게 되는 거죠. 게다가 고용불안 때문에 노동자로서는 힘들다는 소리도 내기 어렵습니다. 호황기보다 불황기의 과로가 더 심하지요.

기계가 도입되면 과로가 줄어들까요? 순박한 발명가는 그렇게 생각할지도 모르겠습니다. 그는 인간의 수고를 덜어주기 위해 기계를 발명했을 수 있지요. 하지만 자본가는 다릅니다. 그가 기계를 도입하는 이유는 노동자의 수고를 덜어주기 위해서가 아닙니다. 자본가는 박애주의자가 아닙니다. 공장 바깥에서는 박애주의자일 수도 있지만 공장에서는 그렇지 않습니다. 그의 목적은 인류 복지가 아니라 잉여가치니까요. 실제로 기계를 도입한 19세기 공장들에서는 노동일이 더 늘어났습니다. 기계를 놀릴 수 없으니까요. 게다가 기계에 투자한 비용을 가급적 빨리 뽑으려고 작업 속도를 올렸습니다(생산과정에 기계가 도입되면 작업 속도를 통제하기가 더 쉬워집니다). 그리고 기계 조작에는 큰 힘이 들지 않기 때문에 여성과 아이들로 노동이 확대됩니다. 공장에서 과로하는 인구층이 늘어나는 거죠.

공장의 기계화가 초래한 현상에 대해서는 '기계와 대공업'에 관한 장(제13장, 영어판은 제15장)을 다룰 때 다시 언급하겠습니다. 다만 '과로'가 노동을 절약할 수단이 발명되지 않아서 생긴 문제가 아니라는 점은 확인해두고 싶습니다. 일정 수의 노동자가 하루 8시간을 일하면 사회가 필요로 하는 핀을 모두 생산할 수 있다고 합시다. 여기에 새로운 기계가 발명되어 생산성이 두 배로 올라간다면 노동일은 어떻게 될까요. 당연히 8시간에서 4시간으로 줄어야 합니다. 이전보다 시간당 생산량이 두 배로 늘어났으니까요. 하지만 그런 일은 일어나지 않습니다. 그 대신 고용을 반으로 줄이겠지요. 남은 사람들은 여전히 8시간을 일합니다. 작업 속도가 빨라졌으니 더 힘들게 일할 겁니다.

버트런드 러셀은 말했습니다. "현대의 생산방식은 우리 모두가 편안하고 안전할 수 있는 가능성을 [이미] 열어놓았다. 그런데도 우리는 한쪽 사람들에겐 과로를, 다른 편 사람들에겐 굶주림을 주는 방식을 선택해왔다."[9] 우리 모두가 알면서도 피할 수 없는, 혹은 피하지 않는 어리석은 선택이죠. 아마도 과로를 없애려면 기계가 아니라 체제를 새로 발명해야 할 겁니다.

○ 시간 도둑질

시간은 돈이다. 노동일 문제만큼 벤저민 프랭클린의 말이 실감나는 곳은 없습니다. 노동일 전체가 목돈이라면 1분 1초는 푼돈일 텐데요. 자본가는 이 푼돈조차 알뜰하게 모으죠. 마르크스는 공장감독관들의 보고서를 인용해 자본가들이 얼마나 시간에 민감한지를 보여줍니다. 공장감독관 레너드 호너의 보고에 따르면 공장주들은 노동자의 시간을 분 단위로 훔칩니다(마르크스는 '레너드 호너'를 "영국 노동자계급을 위해 불멸의 공적을 세운" 인물이라고 했지요.『생명을 짜 넣는 노동』, 181쪽). 『자본』 집필 당시의 공장법에 따르면 공장주들은 12시간 노동일을 지켜야 하는데요. 실제로는 평일의 경우 15분 전에 출근하게 하고 15분 늦게 퇴근하게 합니다. 출퇴근에서 각각 15분씩 모두 30분을 떼어내는 거죠. 그리고 아침식사 전후에 5분씩 10분, 점심식사 전후에 10분씩 20분을 떼어냅니다. 출퇴근에서 30분, 식사시간에서 30분, 모두 1시간을 떼어내는 셈이죠.[김, 321; 강, 341]

이렇게 하면 법정노동일인 12시간을 법 개정 없이 13시간으로 만들 수 있습니다. 토요일에도 시간을 떼어내는데요. 토요일에는 점심시간이 따로 없으니 거기서는 떼어낼 게 없어 40분만 가져갑니다. 이런 식으로 하면 1년에 27일을 떼어낼 수 있습니다. 하루에 1시간을 벌고 1년에 1개월가량을 버는 겁니다. 1년은 12개월인데 노동월로는 13개월이 되는 거죠. 자본가는 열심히 갉아낸 시간의 가루들을 모아, 매년 자연이 선사하지 않은 1개월을 만들어냅니다. 게다가 이 1개월은 노동자가 무급으로 일하는 시간입니다. 온전한 잉여노동시간이죠.

그런데 이걸 잡아내기가 어렵습니다. 하루에 조금씩 여러 번 훔치는 것이라 크게 티가 안 나거든요. 당시 공장감독관들은 노동자의 휴식시간이나 식사시간에서 시간을 조금씩 훔쳐내는 것을 분 빼먹기(petty pilferings) 혹은 분 가로채기(snatching)라고 불렀답니다. 노동자들은 '야금야금 잘라먹기'(nibbling and cribbling)라고도 불렀고요.[김, 324; 강, 345]

제8장에는 마르크스가 공장감독관과 노동자들의 음성을 직접 인용하기 때문에 실감나는 표현들이 많이 나옵니다. 이런 인용 방식은 엥겔스의 『영국 노동자계급의 상태』(1845)에서 영향을 받은 것 같습니다. 마르크스는 자본가의 시간 도둑질에 대한 공장감독관의 증언을 인용하면서 엥겔스가 쓴 책에 대한 주석을 달았습니다. 엥겔스가 이미 20년 전에 "자본주의 생산양식의 정신을 깊이 파악"했고, 노동자계급의 "상태를 놀라울 정도로 꼼꼼히 묘사"했다고 찬사를 보냈지요(이에 대해서는 부록노트를 참고하세요). 그러면서 20년이 흘렀음에도 엥겔스가 기술했던 내용에서 별로 바뀐 게 없다고 했습니다.[김, 320, 각주 15; 강, 341, 각주 48]

실제로 엥겔스가 1845년에 쓴 그 책에서도 우리는 1859년 호너가 작성한 보고서에 나온 '분 도둑질' 이야기를 읽을 수 있습니다. 엥겔스는 맨체스터 공장노동자들의 증언을 인용하는데요.[10] 당시 공장의 내규에 따르면, 노동자가 3분을 지각하면 15분치 임금을 삭감하고, 20분을 지각하면 하루 임금의 25퍼센트를 삭감합니다. 그런데 노동자들에 따르면 출근할 때는 공장의 시계가 15분 빨리 갑니다. 더 웃긴 것은 전날 밤에는 그 시계가 도시의 시계들보다 15분 늦었다는 겁니다. 어떤 공장에서는 작업하는 동안엔 시곗바늘이 15분 뒤로 갔지요. 개인 시계가 없는 노동자들로서는 그야말로 속수무책이었습니다.

그렇다면 노동자가 시간을 정확히 아는 오늘날에는 출퇴근시간에 일어나는 분 도둑질이 사라졌을까요. 마르크스는 20년이 지나고도 변한 게 없다고 했는데요. 우리는 200년이 지났어도 그다지 변하지 않았다고 말해야 할지도 모르겠습니다. 지금도 작업 준비 시간을 노동시간에 포함시키지 않는 작업장이 많습니다. 현행법상으로는 "작업을 위하여 근로자가 사용자의 지휘·감독 아래에 있는 대기시간 등은 근로시간으로 본다"라고 규정되어 있지만(근로기준법 제50조 제3항), 실제로는 많은 작업장에서 노동자로 하여금 업무 시작 전에 준비를 마칠 것을 요구하지요.

불과 몇 년 전(2015) 대표적인 패스트푸드 업체인 맥도날드 앞에서 알바노조가 부당 노동행위에 항의하며 시위를 한 적이 있는데요. 항의 내용 중 하나가 출퇴근 때 이루어지는 분 도둑질에 관한 것이었습니다. 맥도날드 매장에서는 아르바이트 직원에게 10분 내지 15분 전에 출근할 것을 강제하고 있다고 했습니다. 노조에서 조사한 바로는 노동자들이 출근해서 업무 준비를 마치기까지 평균 8분 42초가 걸리며, 업무를 마치고 퇴근을 준비하는 데 평균 10분 52초가 걸린다고 합니다. 그러니 매일 출퇴근 때마다 20분가량을 떼어 먹는 겁니다.[11]

8분 42초니 10분 52초니 하는 말에 웃음이 나올 수도 있겠습니다. 그리고 그깟 시간이 얼마나 된다고 항의하느냐고 생각할지도 모르겠습니다. 하지만 매일 5분, 10분을 모아 1개월을 만들어내는 자본가의 알뜰함, 정확히 말해 그 집요함을 떠올려보세요. 매주 5일을 매일 20분씩 뜯기는 아르바이트 직원이 있다면 한 주에 100분, 50주면 5000분, 즉 1년에 80시간 넘게 뜯기는 겁니다. 이렇게 계산하면 주 5일 하루 4시간 아르바이트를 하는 사람은 결국 20일, 그러니까 1년에 무려 4주간의 노동을 무급 봉사하는 셈입니다. 그런데 노동자에게 노동하는 시간은 생명력을 투여하는 시간입니다. 더욱이 자본가에게 이처럼 무상으로 제공한 시간은 노동력의 재생산 즉 생명 재충전의 비용을 전혀 받지 못한 채 생명을 짜 넣은 시간입니다. 결코 가볍게 볼 문제가 아니지요.

　게다가 19세기 노동자들이 '시간 야금야금 잘라먹기'를 당했다면 21세기 아르바이트 노동자들은 여기에 더해 '시간꺾기'까지 당합니다. '시간꺾기'란 그날 그 시간 매장에 손님이 적으면 아르바이트 노동자를 곧바로 퇴근시키는 걸 말합니다. 원래는 오후 5시까지 근무를 해야 하지만 손님이 없을 경우 1~2시간 일찍 퇴근시켜버립니다. 인건비를 아끼는 거죠. 노동시간을 분 단위로 재서 심지어는 5분 일찍 퇴근시키는 경우도 있습니다.[12] 노동시간을 갈아서 가루를 떨어내는 수법이죠. 시간은 금이고, 금가루도 금은 금이니까요.

　노동일의 길이는 정말로 중요한 문제입니다. 자본주의가 역사적으로 출현한 이래 그 중요성을 잃어본 적이 없습니다.

법으로 규정된 표준노동일은 많이 줄어들었지만 12시간일 때도, 10시간일 때도, 8시간일 때도 1시간을 더 줄이느냐 마느냐는 언제나 뜨거운 쟁점입니다. OECD 국가들 중 최장 노동시간을 가진 한국에서도 자본가들은 주당 노동시간을 최대 52시간을 넘지 않게 규제하는 것에 강하게 반발합니다.

마르크스는 자본가를 '인격화된 자본'이라고 불렀습니다. 자본가에게는 1분 1초가 아까울 겁니다. 그런데 이런 관점에서 노동자를 보면 어떻게 보일까요. 노동자란 그에게 무엇일까요. 마르크스는 이렇게 말합니다. 이런 시각에서 "노동자는 인격화된 노동시간일 뿐"이라고요.[김, 325; 강, 345] 노동자 개인의 인격적 특성은 눈에 들어오지 않습니다. 18시간 노동이 필요한 경우 자본가는 이렇게 말할 겁니다(1노동일이 12시간인 경우). "전일짜리 하나 쓰고 반일짜리 하나 쓰면 되겠네." 마르크스에 따르면, 이미 19세기 공장에 '풀타이머'(full timer), '하프타이머'(half timer)라는 말이 공공연히 사용되고 있었다고 합니다.[김, 325; 강, 345] 노동자를 시간으로 부르는 거죠.

사실 풀타이머, 하프타이머만 있는 게 아닙니다. 내가 종종 이용하는 카페의 주인은 어느 날 친구에게 저녁에 도무지 짬이 안 난다며 말하더군요. "세 시간짜리 하나 쓸까?" 그러더니 며칠 후 정말로 '세 시간짜리'가 자리를 지키고 있었습니다. 우리 사회에서는 1노동시간, 2노동시간, 3노동시간 등이 사람의 모습을 하고 곳곳에서 일하고 있습니다.

3

돈을 아끼고
생명은 낭비하다

자본가와 정치경제학자는
자신들이 칭송하는 '절제'와 '금욕', '절약'이
무엇에 대한 '낭비'인지는 말하지 않았습니다.
철강업자 샌더슨에게 마르크스는
화가 나서 쏘아붙입니다.
용광로의 연료 낭비를 걱정하는 것은
그 대신 "노동자들 생명의 낭비"를 택한 것이고,
용광로 가열 시간의 낭비를 줄이겠다는 것은
"8세밖에 안 된 아이의 수면 시간의 손실"에서
이득을 보겠다는 심보라고 말이죠.
네, 자본가는 대단한 절약가입니다.
하지만 그는 노동자들의 건강과 시간을
아낌없이 썼습니다. 한마디로 그는
돈을 아끼고 생명을 낭비합니다.

루이스 하인, 〈편물 작업을 하는 소녀들〉, 1910.
"내 이름은 메리 앤 워클리. 난 매일 16시간 30분씩 일했어요.
성수기에는 30시간을 멈추지 않고 일했지요⋯⋯.
어느 금요일 오후, 몸이 물을 잔뜩 먹은 흙처럼 무겁더니
쓸려가는 모래처럼 흘러내렸죠.
침상에 누웠어요. 그러고는 일어나지 못했죠. 일어날 필요도 없었어요.
관같이 작은 침상이 내 관이 되고 말았으니까요.
의사는 숨 쉴 수 없는 작업장에서 과로한 게 원인이라고 했어요.
왜 살았을 때는 아무도 그런 말을 해주지 않았을까요.
앨리스 사장이 시간을 빼앗고 음식을 빼앗고 공기를 빼앗으며
내 생명을 노리고 있다고."

지금까지 살펴본 것은 공장법의 규제를 받는 대공업의 사례입니다. 출퇴근시간과 식사시간을 조금씩 갉아먹기는 하지만 표준노동일을 준수하는 경우였죠.『자본』집필 당시 영국의 표준노동일은 10시간이었습니다. 오전 6시에 출근해서 오후 6시에 퇴근했는데요. 여기서 아침 식사 30분, 점심 식사 1시간을 제외하면 10.5시간입니다. 토요일에는 7.5시간 근무를 했으니, 주 6일이면 60시간, 하루 평균 10시간이지요. 그러나 공장법의 제약을 받지 않는 산업부문이 훨씬 많았습니다. 상대적으로 영세한 곳들이죠. 자본 규모도, 노동자 수도 대공장에 비할 바가 못 됩니다. 그런데 이곳들을 부차적이거나 예외적인 곳으로 치부하면 안 됩니다. 오히려 어떤 점에서는 전형적인 곳들입니다. 제약이 없을 때 자본의 모습을 더욱 선명하게 볼 수 있지요.

○ 착취에 대해 그 어떤 제약도 없다면

『자본』제8장 제3절에서 마르크스는 법적 제약을 받지 않는 산업부문들의 노동실태를 고발합니다. 그 대부분은 말들을 오려 붙인 겁니다.「아동노동조사위원회 보고서」,「공중위생 보고서」등에 실려 있던 공장감독관, 의사, 노동자들(특히 어린이 노동자들)의 증언입니다. 앞서 제1절에서 마르크스는 노동자의 목소리가 들려온다고 표현했는데요. 여기 제3절을 포함해 제8장 전체가 그런 식으로 구성되어 있습니다. 음성을 입힌 텍스트들로요. 그래서 글을 읽는다기보다 말을 듣는다는 느낌을 받습니다. 독자를 청자로 바꾼다고 할까요.

사실 '자본'의 논리적 운동만을 설명하려 했다면 이런 구성과 이런 정도의 분량이 필요하지 않았을 겁니다(참고로 『자본』에서 제8장은 제13장 다음으로 긴 장입니다. 두 장 모두 노동자들의 고통스러운 체험을 담고 있지요). 한두 줄로 처리해도 됩니다. 잉여노동을 갈망하는 자본가로서는 최대한 노동일을 늘리려고 할 것이다, 법적 제약이 없다면 어떤 일이 일어날지 불 보듯 뻔하다, 이런 산업부문에서는 16시간, 18시간, 심지어 20시간의 노동일이 나타났다. 이런 정도로 쓰고 넘어가도 됩니다. 실제로 당시 정치경제학 서적들 중 노동자들이 겪은 일을 이처럼 구구절절 써놓은 책은 없을 겁니다.

그런데 마르크스는 많은 지면을 할애해, 그리고 자신의 문학적 역량을 총동원해 노동자들이 겪은 일을 옮겨 적었습니다. 레이스, 도자기, 성냥, 벽지, 제빵 등 분야는 다르지만 법적 제약을 받지 않는 모든 작업장이 노동지옥입니다. 차이가 있다면 한쪽에서는 폐를 망가뜨리고 다른 쪽에서는 척추를 망가뜨리는 식이지요.

별로 어려운 글도 아닌데 읽어나가기가 쉽지 않습니다. 분량만큼이나 감정의 수렁을 넓고 깊게 파놓았기 때문입니다. 가치증식을 논리적으로 이해하는 것과 현실을 지켜보는 것은 다릅니다. 마르크스는 논리 전개만으로는 보이지 않고 들리지 않는 것을 『자본』의 한복판에 배치했습니다. 『자본』을 더 읽어나가려면 이런 정서적 체험이 꼭 필요하다고 생각했는지도 모르겠습니다. 독자들은 텍스트를 지적으로 이해할 뿐 아니라 정서적으로도 겪어야 합니다.

법적 제약이 없는 산업부문들은 노동일이 상상을 초월합니다. 레이스 제조업에 종사하는 성인 노동자들은 제발 하루 노동일이 18시간을 넘지 않게 해달라고 청원하는 집회를 엽니다.[김, 326; 강, 347] 열 살도 안 된 아이들은 새벽부터 한밤중까지 15시간 노동을 한다고 증언하고요.[김, 327; 강, 347] 도자기공들은 폐병으로 죽어갑니다. 신체 발육은 부진하고 폐는 망가져 있습니다.[김, 328~329; 강, 349] 성냥 제조 노동자의 절반은 18세 미만의 아이들인데 대부분 누더기를 걸친 채 굶주려가며 14~15시간을 일합니다. 독성 물질이 가득한 작업장에서요.[김, 330; 강, 350~351] 벽지 공장에서 일하는 아이는 16시간을 일하는데 기계를 떠날 수가 없어 옆에서 누군가 떠 넣어주는 음식을 먹으며 일합니다.[김, 331; 강, 351]

◦ 마음이 아픈 게 아니라 위장이 아팠던 것

제빵업은 별도로 언급할 필요가 있겠습니다. 지난 책들에서도 내가 언급했던 불량 빵 사건 때문인데요(『성부와 성자』와 『생명을 짜 넣는 노동』의 저자의 말). 1850년대 중반, 런던 시민들이 매일 먹는 빵을 반죽할 때 믿기 힘든 재료들이 들어간다는 게 폭로되었습니다. 명반과 모래에 온갖 오물까지 들어간다는 것이었죠. 결국 진상조사위원회가 만들어졌고 1860년 '불량식품 제조 방지를 위한 법률'이 만들어졌습니다. 그런데 마르크스는 이 법률이 별로 효과적이지 못했다고 말합니다. [김, 333~334; 강, 353~354] 행여 기업 활동의 자유를 침해하지는 않을까 의회 의원들이 무척 몸을 사렸다는 거죠.

반죽에 이물질이 들어갔음을 확인한 조사위원회가 '자유상업'에는 원래 좀 '기교를 부린 물질'이 들어가기 마련이라고 수긍하는 태도를 보였습니다. 여기서 내가 우리말로 '기교를 부린'이라고 옮긴 단어는 'sophisticated'인데요. 기교를 부려 뭔가를 모호하게 만든 걸 가리킵니다. 빵 반죽에 끔찍한 오물이 들어갔는데도 그걸 '기교를 부린 물질'이라고 에둘러 말한 겁니다. 이렇게 표현하면 그 오물이 오물이 아닌 뭔가 미묘한 물질인 것처럼 들립니다. 'sophisticated'라는 표현 자체가 참 'sophisticated' 하다고 할까요.

마르크스는 이 단어에서 궤변론자를 의미하는 '소피스트'를 떠올렸습니다. 조사위원회는 "흰 것을 검은 것으로 만들고 검은 것을 희게 만드는 방법"에서 대표적인 소피스트 프로타고라스(Protagoras)를 능가하고, 엄연한 실재를 두고 그것이 가상임을 입증하려 한 점에서는 엘레아학파(Eleaten; 날아가는 화살은 움직이지 않는다는 걸 입증하려 했던 제논 같은 사람들 말입니다)를 능가한다고 조롱했지요.[김, 334; 강, 354]

'기교를 부린 물질'이라는 말 자체가 기업의 자유를 지키기 위해 '기교를 부린' 말입니다. 마르크스는 주석에서 비슷한 예로 '검댕이'를 들었습니다.[김, 334, 각주 43; 강, 354, 각주 75] 당시 검댕이는 '상품'이었습니다. 경작 전에 뿌리는 비료였지요. 굴뚝 청소업자들이 차지농업가에게 팔았습니다. 그런데 검댕이에 모래가 잔뜩 섞여 있었습니다. 빵 반죽에 모래를 넣은 것과 같은 이유였어요. 양을 늘리려는 거죠. 구매자인 차지농업가들이 소송을 걸었습니다. 불량 검댕이는 검댕이가 아니니까요. 그런데 '상업의 친구들'(amis du commerce)인 배심원은 판매자의 손을 들어주었습니다. 불량 검댕이이지만 상업적으로는 '진짜 상품'이고(상업의 세계에서 이 정도 기교와 이 정도 자유는 용인해야 한다는 겁니다), '진짜 상품'이라면 상품으로서는 '진짜 검댕이'로 대접해줘야 한다는 거죠.

자본가들은 돈을 벌기 위해 정말로 전력을 다합니다. 나쁘게 말하면 온갖 짓을 벌이지요. 노동일을 어길 수 없다면 시간의 한계를 갉아서 가루라도 떨어냅니다. 상품 제조에 대한 법적 규정이 있다면 그 규정을 야금야금 파고들죠. 그렇게 만든 빵을 사람들이 먹어도 좋은지, 그렇게 만든 검댕이 비료를 밭에 뿌려도 좋은지는 '난 몰라'입니다. 규정에 저촉되지만 않는다면, 저촉 여부를 애매하게 만들 수만 있다면, 심지어 저촉되더라도 들키지 않을 수만 있다면, 자본가는 과감하게 일을 벌입니다.

기업 활동의 자유는 이윤 추구 활동의 자유이지 양심의 자유가 아닙니다. 주님에게 바치는 성체조차 수십 가지 방법으로 위조할 수 있습니다. 마르크스는 루아르 드 카르(Rouard de Card)의 『성체의 위조에 대하여』(1856)를 언급하며 말합니다. "경애하는 주님조차 이 운명에서 벗어나지 못한다."[김,

334, 각주 44; 강, 354, 각주 76] 신앙은 소중합니다. 그러나 수익은 더 소중하지요. 수익이 ⅟₃₉ 늘어난다면 신앙조항 39개 중 38개를 어기는 것 정도는 어려운 일이 아닙니다.

이 점에서는 소비자들도 마찬가지입니다. 런던 시민들이 과로에 시달리던 제빵 노동자들의 호소에 귀를 기울인 것은 심장 때문이 아니라 위장 때문이었습니다.[김, 335; 강, 354] 불량 빵 문제가 빵의 제조 과정을 들여다보게 한 거죠. 런던의 제빵공들은 밤 11시에 일을 시작해 아침 8시까지 밤새 빵을 굽습니다. 소위 '염가' 빵집(당시 런던 빵집의 4분의 3이 이에 해당했습니다)에서 일하는 노동자들은 그다음 날에는 아주 늦은 오후까지 배달도 해야 합니다. 임금은 12시간치를 지급하지만 실상은 18시간 동안 일을 시켰습니다.

처음부터 빵집들이 다 이랬던 것은 아닙니다. 런던의 제빵업자들은 오랫동안 길드 즉 동업조합 소속이었습니다. 그런데 18세기 들어 제분업자, 밀가루 도매상이 자본가의 형상으로 나타나자마자 제빵업자들도 자본가로 돌변했습니다. 장인과 도제가 사라진 빵집에 자본가와 노동자가 들어섰지요. 업자들 간에 무한 경쟁이 시작되었고요. 이때부터 빵집에서는 노동일의 무제한적 연장과 야간노동이 나타났습니다.[김, 337~338; 강, 357]

∘ 19세기의 지옥은 21세기에도 지옥

마르크스는 법적 제약을 받지 않는 산업부문들의 노동실태를 일별하면서 이렇게 말합니다. "만일 단테가 이 공장들을 보았더라면 그가 상상한 참혹하기 짝이 없는 지옥의 광경도 여기에는 미치지 못한다고 생각했을 것이다."[김, 330; 강, 351] 법적 규제가 미치지 못하면 언제 어디서든 이런 지옥들이 생겨납니다. 노동일의 무제한적 연장은 자본의 기본 충동이니까요. 그렇게 하지 말아야 할 내적 이유가 없습니다. 양심이 아니라 이윤을 기준으로 본다면 말이지요.

앞서 말한 것처럼 올해(2019)부터는 한국 기업들도 주당 52노동시간을 넘길 수 없습니다[참고로 국제노동기구(ILO)가 제시한 장시간 노동의 기준은 주당 48노동시간입니다]. 당장 이것이 기업 활동의 자유를 침해한다는 반발이 나오고 있습니다. 그러나 자본가 스스로 노동일을 줄이는 일은 결코 일어나지 않습니다. 오히려 제도상 허점이 생겨나면 노동일은 언제든 과거로 돌아갈 준비가 되어 있습니다. 사실은 지금도 일어나는 일이지요.

오해하지 말아야 합니다. 장시간 노동으로 인한 과로사는 19세기 문제가 아닙니다. 21세기 한국에서도 일어나는 일이죠. 심지어 어린 노동자의 과로사도 여전히 일어납니다. 뉴스를 검색하면 어렵지 않게 그 사례들을 찾을 수 있어요. 2011년 기아자동차 공장에서 일하던 18세 어린 노동자가 뇌출혈로 쓰러졌는데요. 그는 최대로 일할 때는 주 70시간 노동을 했습니다.[13] 그는 실습생 신분이었는데요. 알다시피 실습이란 수업의 연장입니다. 하지만 실습생들이 실제로 수행한 일은 수업이 아니라 정규 노동이었습니다(예전에 외국인 노동자들을 '산업연수생' 신분으로 고용했는데, 말이 연수지 실상은 업체에서 노동력을 값싸게 이용하는 방법이었죠).

2017년에는 한 생수업체에서 일하던 18세 어린 노동자가 제품을 적재하는 기계에 목이 끼여 죽었습니다. 그는 여름에도 섭씨 40도가 넘는 공장에서 12시간씩 일했다고 합니다.[14] 근로기준법상 18세 이하 연소자는 1일 7시간, 주 40시간 넘게 일해서는 안 됩니다. 하지만 해당 업체는 계약서상으로만 그것을 준수했습니다. 일은 정규 노동자처럼 시키고 임금은 실습생 수준으로 지급했지요. 어린 노동자의 생명을 써서 돈을 아낀 셈입니다. 실습생을 보낸 학교는 높은 취업률을 자랑하기 위해 이런 관행을 묵인했고요. 제도상의 허점이 생겨난 거죠. 그런데 이런 허점은 이윤을 좇는 기업에는 허점이 아니라 이점입니다. 최대한 활용해야 할 기회죠.

한국 사회의 표준노동일은 많이 줄었지만 실제 노동일은 여전히 깁니다. 임금이 낮기 때문에 노동자들은 잔업과 특근을 신청합니다. 대공장의 정규직 노동자들, 이를테면 현대자동차의 정규직 노동자들도 1년에 1000시간 가까운 잔업을 합니다.[15] 이런 성향은 중소 업체로 내려갈수록 클 겁니다. 2013년 한 중소 전자부품 업체에서 30대 직원 두 명이 뇌출혈과 심장마비로 숨을 거두었는데요. 31세의 평사원은 주 80시간, 35세의 과장은 주 60시간을 일했다고 합니다. 법정근로시간은 주 40시간입니다. 그런데 최대 68시간까지 늘릴 수 있는 합법적 방법이 있습니다. 당사자가 합의하면 주중 12시간 연장근로가 가능하고, 휴일이나 주말에는 다시 16시간 연장근로가 가능하니까요. 뇌출혈로 숨을 거둔 31세의 젊은 노동자는 법적 최대 허용치인 68시간에 12시간 맞교대 근무를 했던 모양입니다. 그렇게 해서 표준노동일을 지키면 급여를 두 배로 올릴 수 있었답니다. 그렇게 올린 임금이 160만 원 정도였습니다.[16]

　참고로 이 업체는 삼성, 폭스콘, 애플 등에 납품하는 업체였는데요. 하청이 1, 2차인 경우는 그래도 좀 낫다고 합니다. 5, 6차까지 내려가는 경우도 있으니까요. 말단 하청업체에서 일하는 노동자들은 소위 '물량 떼기'로 월급을 받습니다. 물건을 만든 만큼 돈을 주는 거죠. 물량이 끊기면 곧바로 계약이 해지되고요. 계약서에 계약 기간이 비어 있는 경우가 많다고 합니다. 해지할 때 적는 것입니다. 한국 전자산업의 노동자 평균 근속 연수가 5년이 되지 않는다고 하는데요. 한 업체에서 5년을 버텨내기가 쉽지 않다는 뜻입니다.[17]

　지난 책에서 우리는 상품의 '가치형성'이란 노동자의 '생명을 짜 넣는 일'이라고 했습니다. 마르크스는 제8장에서 이것이 비유가 아님을 보여줍니다. 노동일이 무차별적으로 연장되는 곳에서 노동자들은 정말로 빨리 늙고 일찍 죽고 많이 죽으니까요. 정부의 공식 집계에 따르면 한국에서는 지난 10여 년간(2009~2017) 매년 2000명 가까운 노동자들이 산업재해로 죽었습니다.[18]

° 그들이 말하는 '우리'는 누구인가

『자본』 본문을 읽어보면 마르크스가 얼마나 주의를 기울여 증언들을 선택하고 배치했는지 알 수 있습니다. 내용도 내용이지만 증언하는 사람들의 말투나 표현에도 신경을 많이 썼습니다. 벽지 공장에서 일하는 아이들의 증언 뒤에 공장관리자들의 증언을 배치한 것이 좋은 예입니다. 마르크스는 두 증언을 나란히 배치함으로써 대비 효과를 극대화합니다. 아이들의 말은 구체적이고 신체적이며 감정적입니다. 반면 관리자의 말은 추상적이고 논리적이고 이성적입니다. 아이들의 말이 통증이라면 관리자의 말은 숫자입니다.

먼저 아이들의 말을 들어볼까요. 벽지 공장은 10월 초부터 4월 말까지 가장 바쁜데요. 이때는 거의 중단 없이 아침 6시부터 심야까지 노동이 이어집니다. 13세 라이트본은 이렇게 말합니다. "우리는 이번 겨울에는 밤 9시까지 일했고 지난 겨울에는 10시까지 일했습니다. 이번 겨울 동안 나는 상처 난 발이 아파서 매일 밤 울었습니다."[김, 331; 강, 351] 라이트본의 증언 외에도 병으로 쓰러져 공장에 나오지 못하거나 기계 앞에서 조는 소녀 노동자들에 대한 증언, 겨우 일곱 살 아이를 기계 옆에서 떠나지 못하고 16시간이나 계속 일하게 만들었다는 증언 등이 있습니다.

아이들의 증언이 있은 뒤 공장관리자 스미스(Smith)가 말합니다. "우리는 식사시간을 위한 휴식도 없이 일하기 때문에 10½시간의 하루 작업은 오후 4시 반에 끝나고 그 뒤부터는 모두 연장근로입니다. 우리는 저녁 6시 전에는 일을 거의 중단하지 않으므로 사실상 1년 내내 연장근로를 하는 셈이지요⋯⋯. 아이들이나 성인 모두 똑같이 최근 18개월 동안 평균적으로 매주 최소한 7일 5시간, 즉 78½시간을 일했습니다. 올해(1863) 5월 2일까지 6주 동안은 평균이 조금 더 증가했지요. 8일 즉 84시간이었습니다!"[김, 331~332; 강, 352]

아이들의 증언과 나란히 붙여놓았기에 관리자의 말은 우리에게 다른 느낌을 줍니다. 관리자가 말하는 78½시간, 84시간의 질감이 느껴진다고 할까요. 독자들은 그것이 하루 꼬박 16시간을 기계 옆에서 보낸 일곱 살 아이의 노동일이고, 밤마다 상처 난 발을 안고 매일 밤을 울었다는 아이의 노동일이라는 것을 알고 있으니까요. 어른 아이 할 것 없이 우리는 매주 78½시간, 84시간 동안 열심히 일했다고 태연하게 말하는 관리자의 증언에 분노할 수밖에 없지요(참고로 말해두자면 여기서 말하는 '연장근로'를 '잉여노동'과 혼동하면 안 됩니다. 연장근로는 표준노동일을 넘어서는 노동을 가리킵니다. 그런데 '잉여노동'은 표준노동일 안에도 들어 있지요. 표준노동일은 필요노동과 잉여노동으로 이루어져 있으니까요. 연장근로에 대해서는 '시간외수당' 내지 '잔업수당'이라는 게 지급되는데요.[김, 331, 각주 40; 강, 352, 각주 72] 이것의 문제점에 대해서는 나중에 '임금'편을 다룰 때 별도로 언급하겠습니다).

그런데 마르크스는 스미스가 즐겨 쓰는 단어 하나를 신랄하게 비난합니다. 바로 '우리'(Wir)라는 말인데요. 방금 인용할 때는 옮겨 적지 않았지만, 마르크스는 스미스가 '우리'라는 말을 쓸 때마다 괄호를 치고 그 '우리'가 누구인지 밝히고 있습니다. 이런 식입니다. "우리는 식사시간을 위한 휴식도 없이 일하기 때문에"라는 구절에 들어 있는 '우리'에는 괄호를 치고 이런 말을 붙였습니다. "그가 우리라고 하는 것은 '우리'(uns)를 위해 노동하는 그의 '직공들'(Hände)이다." 그리고 식사시간을 위한 휴식 없이 오후 4시 반까지 일한다는 문장 뒤에도 괄호 치고 이렇게 적었지요. "스미스 자신도 과연 10시간 반 동안 식사시간을 갖지 못했을까?" 공장관리자 스미스는 "우리는 밥도 못 먹고 10시간 반 동안 일을 한다"라고 했지만 정말 그가 밥도 못 먹고 일한 사람인지 묻는 겁니다. 스미스가 말한 "밥도 못 먹고 일하는" '우리'에는 스미스가 들어 있지 않습니다. 그렇게 일한 사람들은 노동자들이죠. 반면 "우리는 저녁 6시 전에는 일을 중단하지 않으므로"에서 '우리'는 "(바로 그 스미스)"입니다. 관리자인 '우리'가 노동력의 사용을 멈추지 않으니 노동자들이 밥조차 먹을 수 없는 것이지요.

　　마르크스는 스미스가 "'pluralis majestatis'에 몹시 집착"하고 있다고 말합니다.[김, 332; 강, 352] 'pluralis majestatis'는 군주가 자기 자신을 지칭할 때 쓰는 말인데요. 과거의 군주들은 '나'라고 말할 대목에서 '우리'라는 말을 썼다고 합니다(영어로는 'Royal We'라고 합니다). '이 나라의 지배자이자 황제인 나 알렉산더는……'이라고 말할 것을 '이 나라의 지배자이

자 황제인 우리 알렉산더는……'이라고 말하는 거죠. 실상은 '나'인데 '우리'로 부르는 겁니다.

군주가 아니어도 권력자들은 '나'를 '우리'로 바꾸어 표현하곤 합니다. 이는 자신들의 특수한 이해를 모두의 보편적 이해로 둔갑시킬 때 유용하지요. 기업의 군주인 자본가도 그렇습니다. 자본가가 노동자들에게 말합니다. "올해 우리가 조금만 더 열심히 일한다면 우리 기업이 다른 기업을 제치고 1등을 차지할 겁니다." 그런데 앞의 '우리'와 뒤의 '우리'는 의미가 다릅니다. 열심히 일하는 '우리'와 기업의 소유권을 가진 '우리'는 같은 사람이 아니죠.

마르크스가 인용하는 벽지 공장의 지배인 오틀리(Ottley)의 말에서도 이것을 볼 수 있습니다. 오틀리는 '우리'라는 말로 공장의 모든 사람들을 대변하듯 말합니다. "만일 노동시간을 아침 6시부터 밤 9시까지 허용하는 법률이 있다면 그것이야말로 우리(!)에게(uns) 꼭 들어맞는 법일 텐데, 공장법은 아침 6시부터 저녁 6시까지로 노동시간을 제한하고 있어서 우리(!)에게는 맞지 않습니다."[김, 332; 강, 352~353] 마르크스는 '우리'라는 말에 모두 느낌표를 찍었는데요. 여기서 '우리'는 누구일까요. 10시간 반의 노동일은 '우리'에게 맞지 않다고 말하는 사람, 법정 퇴근시간을 밤 9시까지로 연장하고 싶은 사람, 바로 오틀리 자신이겠지요. 자본가인 겁니다.

마르크스는 노동자들, 특히 아이들의 목소리를 들려줌으로써 '우리'라는 허구적 공동체를 깨뜨립니다. 자본가가 '우리'라는 말로 자기 목소리를 모두의 목소리로 만드는 것을 막지요. 자본가가 노동자의 목소리를 강탈하거나 훔치는 걸 막는 겁니다. 앞서 제8장 제1절에서 노동자의 목소리가 들려온다고 했던 것도 이런 맥락이었습니다.

자본가는 자신이 노동자와 한 가족 한 집단인 것처럼 말하지만, 아침 6시부터 오후 4시 반까지 밥도 못 먹고 일한 것은 그가 아닙니다. 16시간 동안 기계 옆에 붙어 있어야 하는 일곱 살의 어린 노동자는 그가 아닙니다. 매일 밤 상처 난 발을 껴안고 울던 열세 살의 어린 노동자는 그가 아닙니다. 그는 1주일에 8노동일을 일했다고 말하지만 그렇게 일한 사람은 그가 아닙니다. 그는 이 '우리'에 포함되지 않습니다.

노동일에 관한 장에서 '우리'는 '너희'와 마주합니다. '우리'는 '모두'를 지칭하는 말이 될 수 없습니다. '우리'는 '너희'와는 다른, '너희'의 타자입니다. 제8장 제1절에서 노동자는 항변을 시작하자마자 자본가를 2인칭("당신")으로 불렀습니다. 단순한 2인칭이 아닙니다. 자신과는 이해관계가 상반되는 사람으로서 '당신'('너')인 것이죠. '모두'를 지칭하는 '우리'는 없습니다. '너희'와 마주한 '우리'만이 있을 뿐이죠.

나는 이 시리즈의 1권에서 마르크스의 비판은 정치경제학의 '당파성'을 드러낸다고 했는데요. 이때 '1789년 혁명'과 '1848년 혁명'의 차이에 대해 말한 바 있습니다(『다시 자본을 읽자』, 98쪽). 마르크스에 따르면 정치경제학이 안전하게 과학행세를 할 수 있었던 것은 1848년 혁명 이전입니다. 말하자면 정치경제학은 1789년 혁명이 내세운 보편성에 입각해 있습니다. 1789년 혁명은 부르주아지가 귀족에 맞서 자신들을 '보편신분'으로 제시한 혁명입니다. 그런데 1848년 혁명은 이 보편성이 허구임을 보여주었지요. '보편신분으로서 부르주아지'가 실은 '특정 계급으로서 부르주아지'였다는 게 드러났습니다. 그들은 특정 계급으로서 자신들의 이익을 보편적인 것으로 포장했을 뿐입니다. 정치경제학이 국민 모두의 부, 우리 모두의 부를 증진하는 길에 대해 말하는 것 같았지만 실상 '우리'와 '모두'는 같지 않다는 게 드러난 거죠.

마르크스는 1848년 혁명과 더불어 부르주아 경제학도 파산했다고 했습니다. 정치경제학은 계급투쟁이 충분히 발전하지 않았던 시절에나 진리 행세를 할 수 있었다고요. 하나의 말, 하나의 목소리로 진리를 독점할 수 있었던 때죠. 그러나 계급투쟁이 본격화하면 이게 불가능해집니다. 다른 목소리가 나오니까요. '우리'라는 허구적 동일성이 깨지고 계급투쟁의 심연이 열리는 겁니다.

○ 들리는 목소리와 들리지 않는 목소리

이제 목소리는 하나가 아니고 둘입니다. 그런데 여기서 생각해볼 것이 있습니다. 노동자계급은 하나일까요? 제8장 제1절에 나온 자본가와 노동자는 각각 '자본가계급'과 '노동자계급'을 대표합니다. 마치 두 거인이 권리 대 권리, 힘 대 힘의 대결을 펼치는 것 같습니다.

하지만 제8장 제1절에서 노동자계급을 대변하는 목소리의 주인공은 현실의 노동자가 아닙니다. 그렇게 상정된 주체, 조금 더 강하게 말하면 허구적 형상이죠. 현실과 무관한 것은 아니지만, 아니 현실적으로 매우 중요한 의미를 갖지만 형상 자체는 허구적입니다. 자본가가 자본이라는 범주의 인격화인 것처럼 노동자도 노동력이라는 범주의 인격화라고 할 수 있습니다. 하지만 노동력이라는 상품은 자본의 한 형태, 즉 가변자본이므로 자본가와 다른 목소리를 내는 주체일 수 없습니다. 따라서 엄격히 말하면 여기서 목소리의 주인공은 노동력을 담은 생체입니다. 유통영역에서는 노동력의 판매자였고 생산과정에서 인격적 지위를 상실했다가 투쟁의 순간, 이를테면 파업의 순간 인격적 지위를 회복한 존재죠.

그렇다면 노동자들을 하나로 간주할 수 있는가. 이들은 동일한 존재인가. 『자본』의 출발점, 그러니까 제1장에서 마르크스는 그것을 상정했습니다. '가치'의 실체는 '추상노동'인데요. 이 '추상노동'은 구체적 노동들의 동등성을 전제했을 때 가능합니다. 이 노동의 동등성은 노동하는 인간의 동등성에서 나온 것이고요. 마르크스는 우리로 하여금 아예 '동일한 인간'을 상상하게 했지요. '동일한 인간'이 상이한 노동 즉 '재봉도 하고 직조도 하는' 경우를 떠올려보라고요(『마르크스의 특별한 눈』, 71쪽). 구체적 노동(현물의 생산)의 수행자라는 점에서는 노동자들이 서로 다르지만, 추상노동(가치의 생산)의 수행자라는 점에서는 구분되지 않습니다.

제8장 제1절에 등장한 노동자의 목소리는 이 추상노동의 수행자, 즉 추상화된 노동자의 목소리라고 할 수 있습니다. 현실 노동자들의 목소리를 대표하면서도 구체적인 개개의 노동자와는 다른 존재죠. 이 점에서 제8장의 제3절과 제4절에 인용된 아이들의 증언은 우리에게 무언가를 더 생각하게 합니다.

한편으로 아이들의 말은 제1절에 나온 노동자계급의 목소리, 즉 추상화된 노동자의 목소리를 확증해줍니다. 노동일을 무한정 늘림으로써 사실상 판매하지도 않은 노동력을 강탈하고 있다는 노동자의 항변에 힘을 실어주지요. 아이들이 이 정도라면 성인들은 오죽했겠는가. 아이들의 증언은 다양한 노동자들의 상황을 일반화하는 효과를 냅니다. 실제로 마르크스는 이런 이유로 아이들의 증언을 인용했다고 말했습니다. "내 목적을 위해서는 1860년과 1863년의 보고서 가운데 착취당하는 아이들 자신의 증언을 인용하는 것으로 충분할 것이다. 아이들의 상태로부터 성인들의 처지를 추론할 수 있을 것이고, 특히 소녀들과 여성들의 처지를…… 추론할 수 있을 것이다."[김, 326~327; 강, 347]

그러나 다른 한편으로 추상화된 노동자의 목소리는 현실 노동자의 목소리가 아니라는 점에도 유의해야 합니다. 성인 남성 정규직 노동자가 아닌 경우를 생각할 때 이 점은 중요합니다. 로절린드 모리스(Rosalind C. Morris)가 지적했듯이 우리는 재현의 문턱을 넘지 못하는 노동자들에게도 주의를 기울여야 합니다.[19] 자기 목소리를 쉽게 낼 수 없는 존재들, 공장에서 일하는 아이들은 그런 존재입니다. 이들의 목소리는 파업 때 울려 나온 노동조합의 목소리와 다릅니다.

마르크스가 제4절에서 인용하는 아홉 살 먹은 조지 앨린스워스의 증언이 좋은 예입니다.[김, 348~349; 강, 367] 앨린스워스는 말합니다. "아휴! 여긴 정말로 더워요(Aye! It *is* hot in here). 여기로 오기 전에는 거의 1년간 시골에 있는 어떤 공장에서 똑같은 일을 했어요. 거기서도 토요일 오전 3시에 일을 시작했어요. 언제나 그랬죠. 하지만 집이 가까워서 잠은 집에서 잘 수 있었어요. 다음 날은 아침 6시에 일을 시작해서 저녁 6시나 7시에 마쳤습니다(gi'en over)."[김, 349; 강, 367] 나는 이 부분을 일부러 『자본』의 영어판에서 발췌했는데요.[20] 증언 원문이 영어이기 때문만은 아닙니다. 번역문에는 담기지 않는 게 있어서입니다. 번역문으로 대강의 의미를 전달할 수는 있지만 어투 같은 걸 담기는 어렵습니다. 독어판도 그렇고 한국어판도 그렇습니다.

물론 원문도 녹취록은 아닙니다. 그럼에도 음성을 나름대로 흉내 내고 있습니다.[21] 먼저 '아휴!'(Aye!)라는 감탄사가 나오는데요. 음성적 실감을 줍니다. 그리고 '여긴 정말로 더워요'에서는 'is'를 특별하게 표기했습니다(내가 참조한 영어판에서는 그 부분을 이탤릭체로 처리했습니다). 아이가 강세를 주었다는 걸 알리고 싶었던 거죠. 그래서 번역문에는 원문에는 없는 '정말로'라는 말을 더했지요. 마지막 말도 인상적입니다. "저녁 6시나 7시에 마쳤습니다"라고 할 때 '마쳤습니다'라는 말을 'gi'en over'라고 표기했어요. 아이가 자음을 생략한 채로 발음하고 있음을 나타낸 겁니다. 아이의 말은 어법상으로도, 발음상으로도 표준영어(Standard English)가 아닙니다.

마르크스도 이 점을 알고 있었습니다. 아이가 표준영어를 구사하지 않는다는 사실 말입니다. 마르크스는 오히려 그 때문에 이 증언을 인용한 것 같습니다. 노동하는 아이들의 교육 수준에 대한 긴 주석을 달았거든요.[김, 349, 각주 66; 강, 367, 각주 98] 아이들은 초보적 셈도 할 줄 모르며, 여왕의 이름도 모르고, 심지어 영국이라는 나라 이름도 모릅니다. 교회에 다니지만 악마와 그리스도를 혼동할 정도로 지식이 없습니다. 열 살 먹은 한 소녀는 '신'(God)을 '개'(Dog)라고 썼습니다. 당연하죠. 긴 노동일과 야간노동 때문에 공부는커녕 밥 먹고 잠잘 시간조차 없으니까요.

아이들이 표준 어법에 맞지 않는 말을 구사하는 것에 대해서도 앞서 말한 두 가지를 고려해볼 수 있습니다. 하나는 이것이 아이들만이 아니라 노동자 일반의 문제라는 겁니다. 엥겔스도 20년 전 아동노동조사위원회의 보고서를 인용해 똑같은 문제를 제기한 바 있는데요. 그는 노동자들에게는 "영어 읽기가 일종의 기예"라고 했습니다.[22] 노동자 가운데 글자를 쓸 수 있는 사람은 극소수이고, 철자법까지 맞게 쓰는 사람은 거의 없습니다.

20년의 시차가 있는데도 엥겔스가 인용한 보고서와 마

르크스가 인용한 보고서는 내용이 거의 같습니다. 아이들은 초보적인 셈도 할 줄 모르고, 예수 그리스도와 아담을 혼동하며, 여왕의 이름을 모릅니다. 한 어린 노동자는 질문에 대해 "아무것도 모르겠어요"(was ne jedge o'nothin)라고 답합니다.[23] 앞서의 예와 같습니다. 표준어가 아닙니다. 물론 아이들의 말이 어법에 맞지 않거나 발음이 정확하지 않다는 건 표준어를 전제했을 때의 이야기입니다. 표준어를 전제하지 않는다면 언어로서는 아무런 문제도 없지요. 오히려 노동자들의 세계에서는 표준어로 전할 수 없는 많은 것들을 담고 있는 훌륭한 언어입니다.

엥겔스는 이에 대해 흥미로운 말을 했습니다. "노동자는 쓸 수 없더라도 말할 수 있으며", "산수를 못하더라도 정치경제학자들을 상대할 수 있으며", "부르주아와 논쟁에서 이길 수 있다."[24] "영국 노동자들은 부르주아지와는 다른 방언을 말하고, 다른 생각과 이상, 다른 관습과 도덕 원칙, 다른 종교와 정치를 갖고 있다." 그는 프롤레타리아트와 부르주아지가 마치 다른 인종, 다른 민족과 같다고 했습니다.[25]

'표준어'(스미스나 오틀리의 경우)와 '방언'(앨린스워스의 경우)은 내용과는 다른 차원에서 자본가와 노동자의 차이를 드러냅니다. 목소리를 직접 인용함으로써 마르크스는 노동자가 자본가와 다른 목소리를 낸다는 게 논리만의 문제가 아님을 보여줍니다. 노동자의 말은 발음이 다르고 강세가 다르며 억양이 다릅니다. 노동자는 자본가가 사용하는 규범적 언어인 표준어를 쓰지 않습니다. 언어를 통해 계급이 드러나는 겁니다. 이 점에서 모리스가 언어를 '계급의 현상형태'라고 부른 것은 일리가 있습니다.[26] 그런데 나는 유념해야 할 또 다른 문제가 있다고 했지요. 아이들의 목소리는 노동자 일반의 목소리로 간주될 수도 있지만, 목소리가 좀처럼 들리지 않는 존재의 목소리로 읽을 수도 있습니다. 말을 하지만 사람들에게 그 말이 들리지 않는 존재들이 있습니다. 아니, 그 이전에 자신들의 처지를 주어진 언어로는 표현하기 힘든 존재들이 있지요.

그나마 남자아이들의 목소리는 마르크스를 통해 혹은 보고서 작성자를 통해 서투르게나마 재현되고 있습니다. 마르크스는 아이들의 처지로 "성인들의 처지를 추론할 수 있고, 특히 소녀들과 여성들의 처지를 추론할 수 있을 것"이라고 했는데요. 여기서 '성인들의 처지를 추론하는 것'과 '소녀들과 여성들의 처지'를 추론하는 것은 같지 않습니다. 성인 남성들은 소년들보다도 목소리가 더 잘 들리는 존재니까요. 문제는 '소녀들과 여성들'입니다. 이들의 목소리는 아예 나오지 않습니다. 단지 소년들이 자신의 처지를 불완전하게 묘사하고 있는 구절들을 통해 소녀들도 그럴 것이라고 넘겨짚을 따름입니다. 소년들의 목소리를 소녀들의 목소리로 간주하는 거죠.

이것은 우리로 하여금 가야트리 스피박(Gayatri C. Spivak)이 제기한 물음과 마주하게 합니다. 서발턴은 말할 수 있는가?[27] 목소리를 낼 수 없는 존재들, 엄밀히 하자면 목소리가 들리지 않는 존재들, 더 엄밀히 하자면 우리가 그 목소리를 듣지 않는 존재들이 있습니다. 그런데 그 목소리를 다른 목소리와 동일시할 경우, '들리지 않음'의 상황은 이중으로 악화됩니다. 다른 목소리를 그들 목소리로 간주해버리면 '그들의 목소리는 들리지 않는다'라는 사실조차 떠올리지 않게 될 테니까요. "이중으로 그늘에 놓이는"(doubly in shadow) 겁니다.[28] '그들은 말할 수 없다'는 '그들은 말하지 않는다'가 아닙니다. 스피박이 분명히 했듯 문제는 그들의 말, 그들의 저항을 유효하게 해줄 제도적 배경이 없다는 겁니다.[29] 그들의 말을 들리지 않게 만드는 조건들에 대한 물음이 필요한 것이지요.

공장에서 많은 소녀들과 여성들이 일하고 있음에도 조사원에게(그리고 마르크스에게) 그 목소리가 들리지 않은 이유는 무엇일까요. 그들의 말을 들리지 않게 만든 조건들은 무엇일까요. 『자본』을 읽다 보면 이 존재들이 유령처럼 배회하는 것을 느낄 수 있습니다(참고로 마르크스는 노동관계 바깥에 있는 인간들, 이를테면 소매치기, 사기꾼, 거지 등은 국민경제학자의 눈에 보이지 않는다는 점에서 '경제학 영역 바깥의 유령들'이라고 말한 적이 있습니다).[30] 비슷하게 우리는 '재현 체계 바깥의 유령들'에 대해서도 생각해볼 수 있지 않을까요. 소녀들의 증언 속에서 옅은 음영만을 드리우는 소녀들과 여성들이 그렇고, 유럽 내 영국의 식민지였던 아일랜드 사람들의 처지가 언급될 때 잠시 떠올려보는 유럽 바깥의 식민지인들 혹은 이주노동자들이 그렇고, 인간 노동자들의 처지나 노동력의 특성을 묘사할 때마다 비유로 등장하는 동물들이 그렇습니다.

우리는 그들 스스로 말하는 것을 듣지 못합니다. 그들은 말할 수 있는가. 이것을 그들에 대한 물음이라고 생각하면 안 됩니다. 그것은 우리에게 던져진 물음입니다. '우리는 들을 수 있는가', '우리는 들으려 하는가'를 달리 표현한 것뿐입니다.

∘ 살인자와 피살자

가치를 생산하는 일이 노동자의 생명을 짜 넣는 일이라면 우리는 노동일의 무차별적 확장을 노동자의 생명에 대한 무차별적 착취라고 불러도 좋을 겁니다. 그리고 생명에 대한 착취는 조금씩 일어나든 한꺼번에 일어나든 모두가 살인입니다. 장시간 노동에 따른 과로사를 장시간 노동에 의한 살인이라고 부르지 못할 이유가 없습니다.

이 점에서 제8장 제3절의 끝에서 마르크스가 소개하는 이야기가 눈길을 끕니다.[김, 340; 강, 359] 이것은 살인자가 된 피살자의 이야기입니다. 당시 런던에서 대형 철도 사고가 일어나 많은 승객들이 죽었는데요. 이와 관련해 세 명의 철도 노동자를 살인 혐의로 기소할지를 두고 재판이 열렸습니다. 조사 결과 이들의 근무 태만이 사고로 직결되었다는 것이었지요.

마르크스는 이 재판 이야기를 검사와 피고, 증인, 배심원들로 이루어진 법정 드라마처럼 썼습니다. 당시 신문 기사를 바탕으로 대사를 만든 건데요. 결국 배심원단이 이들 노동자들에게 살인죄로 기소한다는 평결을 내리자 수많은 노동자들이 피고를 위한 증인으로 몰려듭니다(실제 재판에서가 아니라 마르크스의 글에서요). 마르크스는 증인들이 "피살된 사람들의 영혼이 오디세우스에게 몰려드는 것보다 더 필사적으로 우리에게 몰려"든다고 썼습니다.[김, 341; 강, 360] 마르크스는 이들 중 3년 전에 사망한 재봉 노동자 한 사람과 건장한 체구에도 불구하고 과로로 짧은 생을 마감한 철강 노동자 한 사람을 불러냅니다(모자 제조업에서 일하던 재봉 노동자는 실제 사례에서 뽑아낸 인물이고 철강 노동자는 철강업의 과로 문제를 다룬 글에서 뽑아낸 통계적 인물입니다).

마르크스는 이 드라마의 구도를 소크라테스의 재판처럼 구성했습니다. 소크라테스에 대한 재판은 원고와 피고가 기묘하게 뒤집혀 있는 재판입니다. 소크라테스는 '최초의 고발인들'인 '아니토스의 무리들' 말고 '나중의 고소인들'이 있다고 말하는데요.[31] 그가 말한 '나중의 고소인들'이란 철학을 비방하는 사람들, 지혜를 사랑하지 않는 사람들, 자기 혼을 돌보는 것에 무관심한 사람들입니다. 형식상 재판은 소크라테스의 죄에 대한 고발로 시작되지만 실제로는 소크라테스가 사람들을 추궁하고 나무라는 식으로 전개됩니다. 소크라테스가 사람들의 죄를 묻는 거죠. 그래서 재판 중에 자꾸 소란이 일어납니다. 피고가 원고 노릇을 하니까요.

마르크스가 쓴 재판 이야기도 마찬가지입니다. 살인범으로 기소된 노동자들이 자신들의 살인범을 고발하는 형식이지요. 그들은 살인자이기 전에 피살자였던 겁니다. 마르크스의 글을 읽어보면 눈앞에 무대가 선하게 그려집니다. 법정 드라마라곤 하지만 원고와 피고가 벌이는 설전은 없습니다. 판결을 앞둔 피고가 자신의 심정을 토로하는 최종진술 같은 것이지요. 아래는 마르크스가 본문에 쓴 내용을 내가 연극과 노래극 형식으로 다시 쓴 것입니다.

〈살인자를 위한 변론〉

등장인물

[기관사] 30대 중반의 젊은 남성. 파란 수의를 입고 있으며 오랜 조사와 구치소 생활로 초췌해진 얼굴을 하고 있다.

[메리 앤 워클리] 여성 모자 제조공. 3년 전 작업장에서 어지럼증을 호소하며 숙소로 간 뒤 깨어나지 못했다. 철도 노동자들의 재판에서 참고인 진술을 위해 나온 유령이다. 때 묻은 무명 흰옷을 입고 레이스 달린 모자를 쓰고 있다.

[해머맨] 건장하고 다부진 체구를 가진 30대 후반의 철강 노동자. 밤늦게 일하고 돌아온 어느 날 아침, 깨어나지 못했다. 철도 노동자들의 재판에서 참고인 진술을 위해 나온 유령으로, 남색 멜빵바지를 입었고 어깨와 팔에 파스를 잔뜩 붙였다.

기타 판사, 검사, 변호사, 그리고 기관사와 함께 기소된 신호수와 승무원이 있다. 제2막의 노래극에서 코러스 역할을 하는 한 무리의 유령이 있고 노래극을 위한 오케스트라가 무대 앞에 자리한다.

막이 오르고 불이 켜지면 법정이 모습을 드러낸다. 중앙에는 재판장이

앉아 있고, 왼쪽에는 검사, 오른쪽에는 피고인과 변호사가 앉았다.

한창 재판이 진행 중이다.

재판장 변호인, 공소 사실에 대해 변론하세요. 지난번 말한 것처럼 오늘까지 공판 진행하고 최종변론 기일을 잡도록 하겠습니다. 참, 오늘 참고인 진술을 하기로 한 사람들 왔습니까?

변호사 회사에서 압력이 들어간 것 같습니다. 진술하기로 했던 사람들이 모두 나오지 않겠다고 합니다. 여론 환경이 좋지 않은데도 몇몇 직원들이 용기를 낸 건데 회사 쪽에서 나가지 말라고 협박을 했나 봅니다. 지난번에도 당시 근무일지가 조작된 것임을 증언할 노동자가 있었는데 회사에서 주저앉혔거든요.

검사 협박이라니, 그거 책임질 수 있는 말입니까!

변호사 직원들이 내게 한 말입니다.

검사 증거 없이 무책임하게 말하면 안 됩니다.

재판장 자, 자, 그만하고 진행합시다.

변호사 먼저, 누차 밝힌 것처럼 이번 사고로 유명을 달리하거나 큰 상처를 입은 시민들께 피고인들을 대신해 깊은 사과와 위로의 말씀 올립니다. 다만 이번 사고의 책임을 여기 피고인들에게 모두 떠맡기는 것은 변호인이 아닌 한 시민으

로서 바라볼 때도 너무 부당하고 억울합니다. 행락 철에 열차의 배차 간격은 이번 재판 과정에서 드러난 것처럼 너무 짧습니다. 정신없이 드나드는 열차들을 신호수 한 사람이 통제하는 것은 애초 무리입니다. 노동조합에서 인력 보강을 그토록 오랫동안 말해왔지만 회사에서는 터널 앞에 단 한 사람의 신호수만 세워두었습니다. 게다가 사고 당시 앞선 열차와의 간격을 통보해주는 제어장치에 문제가 생겼습니다. 검사는 이 장치가 작동하지 않는다는 사실이 사고 전에 신호수에게 전달되었는데도 신호수가 태만하여 너무 늦게 확인했다고 했습니다. 신호수의 태만이 시민들을 죽음으로 내몰았다며 살인죄를 물어야 한다고 했지요. 그러나 장치가 작동하지 않은 건 여기서 매우 중요한 문제입니다.

앞의 두 열차가 터널에서 충돌한 것을 알았을 때, 사실이 충돌로는 사상자가 크지 않았는데요, 그때 신호수는 세 번째 열차가 터널로 진입하는 걸 막으려고 필사적으로 노력했습니다. 깃발로 멈춤 신호도 보내고 무전호출도 했습니다. 검사는 이 신호를 보지 않은 기관사 또한 살인죄로 처벌해야 한다고 주장하고 있는데요. 기관사는 신호 제어장치에 문제가 생긴 걸 알지 못했습니다. 게다가 그 순간 기관사는 승무원의 긴급 연락을 받고 있었습니다. 열차 안에서 몇몇 승객이 소란을 피웠기 때문입니다. 열차 안에는 안전을 관리해줄 보조 인력이 전혀 없었습니다. 세 번째 열차는 터널 안에서 일어나는 일을 전혀 알지 못한 채로 뛰어든 겁니다.

검사　그렇게 책임을 회피하면 안 됩니다. 피고들은 수백 명의 승객이 탄 열차를 운행하는 사람들입니다. 얼마나 많은 사람들이 생명을 잃고 가족을 잃은 줄 압니까. 피고들은 아주 작은 실수를 범한 것처럼 말하지만 행위만 작은 것이지 죄가 작은 건 아닙니다. 총을 난사해 수많은 인명을 살해한 사람은 사실 손가락만 까딱한 겁니다. 그는 몽둥이를 휘둘러 한 사람을 죽인 것보다 사소한 행동을 했지만 더 큰 죄를 저질렀지요. 수백 명의 생명이 달린 일을 하면서 어떻게 그렇게 부주의하고 태만할 수 있습니까. 어떻게 그렇게 정신을 팔고 있을 수 있나요!

이때 갑자기 절규하듯 내뱉는 소리가 법정에 울려 퍼진다.

기관사　정신 팔지 않았어! 정신 팔지 않았다고! 정신이 있어야 팔지, 정신이 있어야…….(그러고는 소리 내서 엉엉 울기 시작한다. 함께 있던 신호수와 승무원도 어깨를 들썩이며 훌쩍인다.)

재판장　이봐요, 피고인들 모두 진정하세요. 거기 경위, 피고인들 잠시 대기실로 퇴정시키세요. 잠깐 휴정하겠습니다. 변호인과 검사, 두 분 모두 나를 따라오세요. 휴정합니다. 30분 후에 속개하겠습니다.

───제2막 유령과 함께(노래극)───

등장인물들이 무대 뒤로 빠져나간 뒤 조명이 꺼진다. 잠시 후 무대 한쪽에만 조명이 켜지고 피고인 대기실에 기관사가 앉아 있다. 정신이

나간 듯 허공을 바라보다 가만히 혼잣말을 한다.

기관사　(나직이 혼잣말로) 난, 죽이지 않았어. 누구 하나
도. 난, 죽이지 않았어. 누구 하나도.

이때 코러스의 노래가 들려온다.

코러스　그럼 누가 죽였을까. 그럼 누가 죽었을까. 그럼
누가 죽였을까. 그럼 누가 죽었을까.

기관사　(고개를 사방으로 돌리며) 누구요? (그의 말이 점차
노래로 바뀌면서) 난, 죽이지 않았어요. 그때 죽은 사람은 나였
어요. 운전대 앞에는 이미 죽은 사람이 있었지요. 그는 무전
소리를 듣지 못했어요. 죽은 사람은 아무것도 듣지 못해요. 난
이미 죽어 있었어요.

코러스　죽은 사람이 어떻게 사람들을 죽였을까. 그대는
잠이 들었겠지. 술을 먹은 키클롭스처럼 기분 좋게 잠이 들어
눈을 감아버렸겠지.

기관사　난 키클롭스가 아니오. 눈을 뜨고 있었소. 한 눈
이 아니라 두 눈, 두 눈 모두 감지 않았어요. 그런데 눈을 떴는
데도 보이지 않았어요. 손에는 감각이 없었고 머리는 돌덩어
리처럼 굳어 있었죠. 14시간, 18시간, 20시간, 어떤 날은 이
틀 연속 쉬지 않고 일했어요. 눈은 아무것도 보지 못하고 손에
는 감각이 없어요. 신호수 영감이 깃발을 흔들었다는데, 몰라
요. 다만 붉은 새 한 마리가 한순간 눈앞을 스쳐 날아간 것 같

기는 해요. 신호수 영감도 사실은 죽어 있었기 때문에 잘 몰라요. 며칠간 맞교대로 24시간이나 깃발을 쥐고 있었거든요. 사실은 아무것도 기억나지 않는대요. 정신없이 터널로 뛰어가기만 했대요. 죽은 사람이 죽은 사람들한테 뛰어간 거죠.

코러스 (메아리처럼) 죽은 사람이 죽은 사람에게. 죽은 사람이 죽은 사람에게. (그리고 일제히 외치며) 살인이다! 살인이야! 누가 죽였지? 재판이 필요해. 재판이 필요해. 당장 고발해야 해. 당장 고발해야 해. 살인범을 잡아라. 살인범을 잡아라.

오케스트라의 음악과 함께 무대 전체에 불이 켜지고 재판장과 검사,
변호인, 피고인 들이 앉아 있다. 그런데 이번에는
변호인과 피고인 들이 검사 쪽 자리에, 검사가 변호인 자리에 있다.
그리고 코러스가 한쪽에 자리를 잡았다.

재판장 자, 재판을 시작하겠소. 원고는 모두 진술을 하시오.

기관사 그날 나는 연속해서 40~50시간을 일했어요. 내 몸은 내 몸이 아니었어요. 귀는 귀먹었고 눈은 눈멀었지요. 승무원이 뭐라고 하는데 들리지 않았어요. 멀리서 신호수가 무언가를 흔드는데 보이지 않았어요. 터널 안에서 연기가 쏟아져 나오는데 재판장인 내 머리는 그냥 앉아만 있었지요. 그때 알았지요, 난 이미 죽었다는 걸.

검사 거짓말이오. 근무일지를 보면 기관사들은 하루 8

시간을 일했다고 되어 있어요.

　기관사　거짓말이오. 지난 5년간 나는 14시간, 18시간, 심지어 20시간을 일했어요. 그리고 그날은 40시간, 50시간을 연속해서 일했어요.

　재판장　거짓말이오, 거짓말이오, 재판정에서는 그렇게들 말하지. 모두가 거짓말을 하는 곳이 여기니까. 진실을 말하겠다고 선서하는 순간부터 거짓말을 하는 곳이 여기니까.

　변호사　참고인들을 부르겠습니다, 재판장님.

　재판장　참고인들은 출석을 거부하지 않았소? 살기 위해 그런 거니 그들을 탓하지는 않겠소.

　변호사　죽음을 두려워하지 않은 진실의 증언자들이 있습니다. 기관사가 이미 살해되었다는 것을 말해줄 증언자들. 더는 죽음을 걱정하지 않는 망자들입니다. 망자들을 부를 수 있게 해주세요.

　코러스　우리를 불러다오! 우리를 불러다오! 죽은 자가 말하게 하라, 어떻게 죽었는지! 죽은 자가 말하게 하라, 어떻게 죽었는지!

　재판장　허락하겠소. 진실을 밝힌다면 망자의 세계에서라도 진술을 받아야지요. 진술을 원하는 망자들이 있다면 앞으로 나오시오.

코러스단의 유령들이 판사 앞으로 쇄도한다. 살해된 사람들의 영혼이 오디세우스에게 몰려드는 것보다 더 필사적으로. 판사가 그중 두 사람을 가리킨다. 모자 제조공 메리와 철강공 해머맨이다.

메리 앤 워클리 (담담하게) 내 이름은 메리 앤 워클리. 난 매일 16시간 30분씩 일했어요. 성수기에는 30시간을 멈추지 않고 일했지요. 자꾸 눈이 감겼어요. 그때마다 아리따운 우리 앨리스 사장님, 성공한 여성으로 세상에 명성이 자자한 그분이 다정하게 다가와 커피를 쏟아 부었지요. 일이 끝나면 우리는 널빤지로 나뉜 작은 방에 들어가요. 관처럼 작은 방, 우리는 둘씩 하나의 침상에 누워요. (서글프게) 어느 금요일 오후, 몸이 물을 잔뜩 먹은 흙처럼 무겁더니 쓸려가는 모래처럼 흘러내렸죠. 침상에 누웠어요. 그러고는 일어나지 못했죠. 일어날 필요도 없었어요. 관같이 작은 침상이 내 관이 되고 말았으니까요. 의사는 숨 쉴 수 없는 작업장에서 과로한 게 원인이라고 했어요. 왜 살았을 때는 아무도 그런 말을 해주지 않았을까요. 앨리스 사장이 시간을 빼앗고 음식을 빼앗고 공기를 빼앗으며 내 생명을 노리고 있다고.

검사 거짓말이오. 죽은 사람이여, 당신 진단서에는 질식이라고 되어 있어요. 당신은 그냥 숨을 쉬지 못한 거요. 물론 과밀한 작업장이 질식을 도왔을 수는 있지만…… 앨리스 사장을 끌어들이지 마시오. 물론 앨리스 사장이 돈을 조금 덜 아꼈다면 좋았겠지만…….

메리 앤 워클리 산 사람이여, 당신 말이 틀린 건 아니에요. 나는 지금도 숨을 쉬고 있지 않으니까요. 그래요, 질식해서 죽었어요. 환풍기도 없는 곳에서 공기를 빼앗겼으니까요. 목 졸려 죽은 사람은 모두 질식으로 죽어요. 목을 조르는 손은 질식을 도왔을 뿐이죠. 강도가 휘두른 칼에 찔려 죽은 사람도 사인은 과다 출혈이고, 물대포에 맞아 죽은 사람도 심장정지가 죽음의 원인이죠. 칼과 물대포는 다만 출혈과 심장정지를 거들었을 뿐이고요.

코러스　살인자는 누구인가, 살인자를 찾아라. 살인자는 누구인가, 살인자를 찾아라.

이때 철강공 해머맨이 앞으로 나선다.

해머맨　(당당하게) 나는 대장장이, 내 이름은 해머맨이오. 나만큼 활기차고 유쾌한 사람은 없었을 것이오. 모두가 내 몸을 부러워했소이다. 이 팔근육을 보시오. 우리는 헤파이스토스의 후손. 우리가 망치를 휘두르면 쇠들은 비명을 지르곤 몸을 구부리지요. 우리는 태양보다 먼저 세상에 불꽃을 피우는 자들. 이 팔근육을 보시오. 누구도 힘으로 우리를 당할 자는 없소. (서글프게) 하지만, 하지만, 하지만…… 제아무리 힘센 장사도 계속해서 힘을 쓸 수는 없소. 오랜 노동에는 장사가 없단 말이오. 우리는 너무 여러 번 망치를 휘둘렀어요. 근육은 산소를 달라고 아우성쳤지만 우리는 숨 쉴 틈도, 숨 쉴 공기도 없었소. 나는 모두가 탐내는 몸을 가졌지만 내 생명은 모두가 도망치고 말 정도로 짧아요. 나는 매일 해머로 내 생명을 때려 부수고 있었던 것이오. 나는 나를 죽이고 있었소. 나는 나를 죽이고 있었소. 누가 나를 죽였는가? 나인가요? 나인가요?

　　코러스　살인자는 누구인가, 살인자를 찾아라. 살인자는 누구인가, 살인자를 찾아라.

　　조명이 조금씩 어두워지더니 기관사를 비추는 조명 하나만 남는다.
기관사는 해머맨을 따라가며
"당신이 아니야, 살인자는 당신이 아니야"를 외친다.
그러고는 곧이어 무대조명이 모두 꺼진다.
잠시 후 암전 상태에서 법정 경위의 목소리가 들린다.
"이봐요, 기관사 양반, 재판이 속개됩니다. 일어나세요.
다시 입정해야 합니다. 서둘러 준비하세요."

　　언제부턴가 '해고는 살인'이라는 말이 한국 노동운동의 일상적 구호가 되었는데요. 그만큼 많은 노동자들이 만성적 고용 불안에 시달린다는 뜻이겠죠. 하지만 해고되지 않았다고 해서 죽음에서 멀리 있는 건 아닙니다. 『자본』을 읽다 보면 '해고는 살인'이라는 말만큼이나 '노동은 살인'이라는 말에도 고개를 끄덕이게 됩니다.

　　자본주의에서 누군가가 노동력을 판매하는 이유는 그러지 않고서는 살 수가 없어서입니다. 그러니 일자리를 잃으면 다시 생존을 위협받는 상황에 처하겠지요. 그걸 알기 때문에 노동자는 노동일의 연장이나 노동강도의 강화를 감내합니다. 생명력을 소진하는 일임을 알지만 어쩔 수 없습니다. 사전상의 의미로는 해고와 고용이 반대말이지만 죽음과 관련해서는 그렇지 않습니다. 굶어 죽는 걸 피하려다 과로로 죽기도 하니까요. 한쪽에는 빈곤이 있고 다른 쪽에는 과로가 있습니다. 그러나 양쪽 모두 이르는 곳은 같습니다.

모든 노동은 '생명력의 소비'라는 점에서 살인적 속성을 갖고 있습니다. 프랑스어로 노동을 'travail'라고 하는데요. 로마 시대 고문도구였던 'triphalium'에서 연원했다고 합니다. 확실히 노동에는 그렇게 볼 만한 대목이 있지요. 그러므로 어느 한계 이상으로 일을 시켜서는 안 되며, 노동 후에는 반드시 생명력을 복원할 자원과 시간을 제공해야 합니다. 그렇게 하지 않은 노동은 모두 '살인적 노동'입니다. 아니 그냥 '살인'이라고 불러도 무방합니다. 우리가 '산업재해'라고 부르는 것들 중에는 기업에 의한 '살인' 내지 '살상'이라고 부르는 편이 더 적절한 경우가 있습니다. 재해라고 하면 그냥 불행한 사고처럼 느껴집니다. 가해자가 모호해지죠.

하지만 노동자의 생명력을 마구 써댐으로써 생겨난 죽음, 그러니까 안전이 충분히 확보되지 않은 조건에서 일하게 하거나, 노동자가 신체와 정신에 대한 온전한 통제력을 잃을 때까지 일을 시킴으로써 생겨난 죽음은 살인이고, 범인도 명백합니다. 노동력 사용자가 범인이지요. 따라서 조금 전에 읽은 철도 노동자에 대한 마르크스의 변론은 자본가에 대한 기소문이기도 합니다. 런던의 법정은 노동자들을 살인죄로 기소했지만 마르크스는 이 글을 통해 자본가들을 살인죄로 기소했다고 할 수 있습니다. 자본가를 자본의 인격화로 간주한다면 자본에 대한 기소라고도 할 수 있겠습니다.

○ 24시간 노동일의 꿈

잉여노동을 갈망하는 자본가에게는 16시간, 18시간의 노동일도 충분하지 않습니다. 이 정도면 살인적 노동일이 틀림없지만 어떻든 24시간까지는 시간이 더 남았으니까요. 표준노동일을 넘는 장시간 노동은 마르크스의 표현에 따르면, "진통제처럼 노동의 생생한 피에 대한 흡혈귀적 갈망을 약간 누그러뜨리는 것에 불과"합니다.[김, 345; 강, 364] '24시간 편의점'처럼 자본가는 '24시간 공장'을 꿈꿉니다.

'24시간 노동일'에 대한 자본가의 충동을 특히 자극하는 게 있습니다. 바로 생산수단입니다. 노동자가 쉬면 생산수단도 쉽니다. 우리는 지난 책에서 생산수단이 방치된다는 게 어떤 의미인지 살펴봤습니다(『생명을 짜 넣는 노동』, 48쪽). 노동자가 손길을 거두면 자연이 생산수단에 달려듭니다. 면화에는 곰팡이가 생기고 쇠에는 녹이 슬지요. 게다가 생산수단에 많은 돈을 투자했다면 빨리 회수할수록 안전하고 이득입니다. 새로운 기계가 발명되면 지금 쓰는 기계가 무용지물이 될 수도 있으니 거기 들어 있는 가치를 최대한 빨리 생산물로 이전해야 합니다. 게다가 투자금 회수가 빠르면 자본 회전도 빨라지니 이익입니다(이윤율이 동일할 경우 100억 원을 유통에서 한 번 돌리는 것보다 50억 원을 두 번 돌리는 게 더 이익입니다. 10퍼센트를 남긴다고 할 때 전자는 100억 원으로 10억 원을 버는 것이지만 후자는 50억 원으로 처음에 5억 원을, 그리고 다시 원금과 합친 55억 원을 투자해 얻은 5.5억 원을 벌어 모두 10.5억 원을 법니다).

이런 게 아니어도 자본가의 심장에는 언제나 프랭클린의 금언이 새겨져 있습니다. 더 벌 수 있는 돈을 벌지 않는 건 그 돈을 써버린 것과 같다고 했지요(『생명을 짜 넣는 노동』, 99쪽). 할 수 있는 것을 하지 않는 것은 그대로 있는 게 아니라 낭비 하는 겁니다. 따라서 생산수단을 놀리는 것은 자본가에게는 생산수단을 낭비하는 것으로 보입니다. 녹이 스는 것만이 아니라 그대로 있는 것도 낭비입니다.

자본가가 보는 생산수단은 노동자가 보는 것과 다릅니 다. 마르크스는 제4절의 첫 문장에서 이 점을 지적하고 있습 니다. "가치증식과정의 시각에서 보면 불변자본인 생산수단 은 오직 노동을 빨아들이기 위해서, 그리고 노동 한 방울 한 방울마다 거기에 비례하는 양의 잉여노동을 빨아들이기 위해 서만 존재한다."[김, 345; 강, 364] 노동자에게는 생산물을 만 들기 위한 재료이고 수단이지만 자본가에게는 노동을 '빨아 들이는'(einsaugen) 장치입니다.

이는 지난 책에서 내가 묘사했던 것과 뉘앙스가 다릅니 다. 지난 책에서 본 생산수단의 이미지는 죽은 것, 부동의 것, 수동적인 것이었습니다. 노동자가 살아 있는 능동적 행위자 로서 가치를 옮기고 집어넣고 했지요. 그런데 이번 책에서 보 는 생산수단은 적극적입니다. 마치 진공청소기처럼 노동을 빨아들입니다. 노동자는 피를 넣어주는 게 아니라 피를 빨립니다. 생산수단이 자본가가 사용하는 흡혈장치처럼 그려지고 있습니다.

마르크스는 이러한 관계 역전, 즉 '죽은 노동과 살아 있는 노동 사이의 관계가 바뀌는' 문제를 제3편의 끝에서 다시 한 번 강조하는데요. "생산수단은 이제 타인의 노동을 빨아들이는 수단으로 바뀐다. 더는 노동자가 생산수단을 사용하는 것이 아니라 생산수단이 노동자를 사용하게 된다. …… 용광로나 작업장이 야간에 문을 닫고 살아 있는 노동을 빨아들이지 못하면 그것은 '순전한 손실'이다. 바로 그 때문에 용광로나 작업장은 노동력의 '야간노동에 대한 청구권'을 갖는다." [김, 422~423; 강, 433] 그러니 자본가에게는 놀고 있는 기계, 다시 말해 24시간 가동되지 않는 공장이 자신의 권리가 충분히 실현되지 않는 상황으로 비칩니다. '그대로 두는 것은 그대로 두는 것이 아니라 낭비하는 것'이라는 사고방식에 입각해 말하자면, 충분히 실현되지 않는 권리는 침해된 권리와 같은 것이지요.

어떻게 하면 생산수단을 놀리지 않고 공장을 24시간 내내 돌릴 수 있는가. 개인 노동자를 24시간 동안 쓸 수는 없습니다. 하지만 집단으로 생각하면 어떨까요. 홉스의 『리바이어던』 표지에 나오는 군주처럼 노동자를 작은 개인들로 이루어진 거인으로 생각한다면요. 이 거인 노동자를 24시간 부리는 것은 가능합니다. 개인으로서 노동자들을 계속 넣고 빼고 하면 되니까요. 특정 노동자가 24시간을 일할 필요는 없습니다. 그저 노동자가 24시간 일하면 됩니다.

마르크스는 흡혈귀 비유를 계속 활용하는데요. 동일한 노동력을 밤낮으로 '계속 빨아대면' 육체가 견디질 못합니다. [김, 346; 강, 364] 주간에 '먹어치우는'(verspeisen) 노동과 야간에 먹어치우는 노동을 교체해주어야 합니다. 이것이 바로 주야교대제입니다. 방식은 다양합니다. 이를테면 전체 노동력을 몇 개 조로 나누어 일주일씩 혹은 보름씩 주간노동과 야간노동을 번갈아 수행하게 할 수 있습니다. 19세기는 물론이고 지금도 성행하는 방식이죠.

이렇게 하면 노동자 개인에 대해서는 표준노동일을 준수하면서도 전체로는 24시간 노동일을 구현할 수 있습니다. 노동일에 대한 형식적 규정만 생각한다면 별 문제가 없어 보입니다. 수학적으로는 낮 12시간과 밤 12시간의 길이는 같습니다. 그러나 생명체인 노동자에게는 둘이 결코 같을 수 없습니다. 밤낮이 바뀌면 생체리듬이 깨집니다. 호르몬과 면역계에 이상이 나타나죠. 세계보건기구(WHO) 산하에 있는 국제암연구소에서는 교대 근무를 '2급 발암 요인'으로 규정했다고 하는군요.[32]

희정이 쓴 『노동자, 쓰러지다』에는 자동차 공장에서 일하는 노동자의 생생한 증언이 있는데요(이 책은 한국 노동자의 현재 상황에 대한 생생한 르포입니다). "집에 가서 잠을 자려고 하면 못 자요. 회사에서 쓰는 귀마개를 가져가서 막아요. 커튼

치고 창문 다 막아요. 그래도 잠이 안 와요. 소주를 글라스 잔에 따르면 반병이에요. 그 반병을 '원샷'해버려요. 그러고 누워 있으면 술이 올라오면서 잠들어요. 맨날 그렇게 먹었어요."33

마르크스 역시 이 문제가 심각하다는 것을 알고 있었습니다. 다만 이번 제8장에서는 '노동일'을 다루고 있기 때문에 교대제 도입이 노동일 연장과 어떻게 관계되는지만 다룹니다. 여기서는 "야간노동이 빚어내는 일반적 해악을 무시"하겠다고 했지요. 하지만 야간노동이 끼치는 해악, 특히 어린 노동자들에게 끼치는 해악을 전혀 언급하지 않을 수는 없었나 봅니다. 그래서 긴 주석을 달아두었습니다.[김, 346, 각주 62; 강, 365, 각주 94]

마르크스가 단 그 주석에 따르면, 철강업자는 야간노동에 투입된 노동자들, 특히 어린 노동자들이 낮에 잠을 잘 수 없어 이리저리 배회한다는 것을 알고 있었습니다. 당시 의사들도 일정 시간 이상 햇볕을 쬘 수 없을 때 피부와 근육, 신경에 문제가 생기며 아이들의 신체 발육에도 큰 지장을 초래하고 뇌기능에도 문제를 야기한다고 했습니다. 그런데 마르크스는 이게 바로 자본주의라고 말합니다. 인간에게는 햇볕이 필요하고 아이들에게는 야간노동이 몹시 해롭다는 사실, 굳이 전문가의 입을 빌리지 않아도 누구나 알 수 있는 사실까지 지적해야 한다는 거죠. 만약 지적하지 않고 규제하지 않으면 자본가는 강행합니다. 마치 몰랐다는 듯 혹은 '어떻든 불법은 아니지 않냐'라고 하면서 일을 시키겠죠.

"도대체 이런 것이 진지한 논쟁의 대상이 된다는 것 자체가 자본주의적 생산이 자본가들과 그 하수인들의 '뇌기능'에 어떤 작용을 하고 있는지 잘 보여준다."[김, 346, 각주 62; 강, 365, 각주 94] 마르크스는 화가 난 듯 자본가를 강하게 비난합니다. 탐욕 때문에 뇌가 어떻게 된 것 아니냐고. 어떻게 이런 것까지 부정하거나 모르는 척하면서 돈을 벌려고 하느냐고. 그렇게 돈을 벌고 싶으냐고. 그런데 다시 말하지만 이게 자본주의입니다. 자본가만의 원근법이 있지요. 이익은 눈앞에 있으니 크고 선명한 반면 생명은 멀리 있으니 작고 희미해 보이지요.

좀 전에 말한 것처럼 마르크스가 제8장 제4절에서 강조하는 것은 교대제 도입이 노동일 연장으로 이어졌다는 점인데요. 교대할 노동력에 결원이 생기면 출근한 인력의 연장근로가 이루어집니다. 특히 값싸게 이용할 수 있는 아이들의 초과노동이 극심했습니다. 마르크스는 9~12세의 아이들이 12시간 노동을 두세 번 연거푸 수행하는 사례, 그러니까 24시간, 36시간 연속노동을 하는 사례들을 보고서에서 인용하고 있습니다.[김, 347~348; 강, 366~367] 앞서 길게 인용했던 9세의 앨린스워스도 이런 아이들 중 하나였지요.

아이들의 증언을 소개한 뒤 마르크스는 자본가들의 증언을 줄줄이 인용합니다.[김, 350~356; 강, 368~373] 짧은 논평만을 덧붙인 채로 그들의 말을 그대로 붙여놓았습니다. 그 말들이 그들이 어떤 사람들인지를 보여주니까요. 공장주들은 아이들의 야간노동이 필요한 여러 이유를 대는데요. 성인들만 계속 일하면 그들의 건강을 망치게 될 것이라는 둥 야간노동을 통해 아이들이 일을 배운다는 둥 모두가 황당한 이야기들입니다. 그러나 공장주들도 스스로 인정하듯 결정적 이유는 '비용'입니다. 아이들의 노동력은 상대적으로 저렴하니까요.

왜 성인 노동자들만으로는 야간노동이 불가능한가. 철강회사인 샌더슨 사의 샌더슨은 이렇게 말합니다. "강철 생산 그 자체만 놓고 말한다면 그렇게 해도 아무런 차질도 없지요. 그러나!" 마르크스는 여기서 샌더슨의 말을 끊었는데요. '그러나!' 뒤가 중요하지요. 강철 즉 생산물을 만드는 것은 당연히 성인도 할 수 있고 성인이 더 잘하겠지요. 그러나! 자본주의적 생산의 목적을 잊으면 안 됩니다. 자본주의가 사용가치를 생산하는 이유 말입니다. 강철을 만들어내는 이유는 "강철을 만들어내는 것 이상의 일"을 위해서죠. 가치의 생산, 더 좁혀 말하면 잉여가치의 생산을 위해서입니다. 왜 야간노동을 시키는가. 어쩌면 답할 필요조차 없습니다. "12시간보다는 24시간 동안 더 많은 노동을 흡수"할 수 있으니까요.[김, 355; 강, 373] 왜 아이들에게 야간노동을 시키는가. 누구나 압니다. 그 일을 아이들이 하면 임금 비용이 절약되니까요.

자본가들을 대변하며("모든 샌더슨의 이름으로") 샌더슨은 이렇게 말합니다.[김, 355~356; 강, 373] "용광로를 가동하면서 노동자들에게 일을 시키지 않는 것은 연료를 낭비하는 것이다. 만약 용광로를 꺼버리면 다시 불을 붙여 적절한 온도에 이르기까지 시간을 낭비하는 것이고, 온도의 잦은 변화는 용광로에도 손상을 입히니 또한 낭비다." 한마디로 생산수단을 주간에만 쓰는 것은 낭비라는 겁니다. 아버지의 장례식에 이어서 어머니의 결혼식이 열리는 걸 보고 햄릿이 호레이쇼에게 말했죠. "절약이라네, 절약!"[34] 구운 고기를 장례식에만 쓰면 낭비입니다. 결혼식에도 써야죠. 생산수단을 주간만이 아니라 야간에도 돌리는 것이 절약입니다. 야간에 아이들까지 쓸 수 있다면 더 큰 절약이지요.

그러나 자본가들과 정치경제학자들(이를테면 우리가 지난 책에서 보았던 시니어, 유어, 로셔 등)은 자신들이 칭송하는 '절제'와 '금욕', '절약'이 무엇에 대한 '낭비'인지는 말하지 않았습니다.[김, 356, 각주 71; 강, 374, 각주 103] 용광로에 소모되는 연료와 용광로를 가열하는 시간의 낭비를 걱정하는 샌더슨에게 마르크스는 화가 나서 쏘아붙입니다. 용광로의 연료 낭비를 걱정하는 것은 그 대신 "노동자들 생명의 낭비"를 택한 것이고, 용광로 가열 시간의 낭비를 줄이겠다는 것은 "8세밖에 안 된 아이의 수면 시간의 손실"에서 이득을 보겠다는 심보라고 말이지요.[김, 355~356; 강, 373~374]

네, 자본가는 대단한 절약가입니다. 그는 연료를 아끼고 시간을 아끼고 임금을 아꼈습니다. 그러나 그는 대단한 낭비가입니다. 그는 노동자들의 건강과 시간을 아낌없이 썼습니다. 한마디로 그는 돈을 아끼고 생명을 낭비합니다.

4

공장의 탄생

나태한 사람들을
어디서 어떻게 치료할 것인가.
그 해법으로 제안된 시설이 '구빈원'입니다.
커닝엄 같은 정치경제학자들이
가난한 사람들은 구빈원에 집어넣어야 한다고
강력히 주장했죠. 당시 프랑스에서는
구빈원을 '오피탈' 곧 '병원'이라 불렀습니다.
영국에서는 '워크하우스'(노동의 집)라 불렀고
우리는 이것을 '구빈원'이라고 옮기지요.
결국 빈민과 노동과 치료가 결합된 곳인 거죠.
하지만 무엇보다 구빈원은
초기 산업자본주의 노동윤리의 이상이
투여된 곳이었습니다. 노동을 통해
사람을 뜯어고치려 했던 강제수용소였어요.

『올리버 트위스트』(1838)에 실린 조지 크루이크생크의 삽화.
구빈원에서 태어나고 자란 올리버가 죽을 조금만 더 달라고 간청하는 장면이다.
커닝엄은 구빈원이 '공포의 집'이 되어야 한다고 말했다.
사람들을 벌벌 떨게 해야 한다는 것이었다. 마르크스는 1770년 빈민들을 위해 생긴
'공포의 집'이 불과 몇 년 뒤 매뉴팩처 노동자들을 위한
거대한 '구빈원'(노동의 집)으로 나타났다고 말한다.

제5절에서 마르크스는 앞서 제1절에서 던졌던 질문을 또 던집니다. 노동일이란 무엇인가. 답을 알고 싶어서 물음을 반복하는 게 아닙니다. 노동일의 성격을 독자들에게 환기하고 싶은 것이지요. 제1절에서 그는 노동일이 '권리 대 권리'의 문제이며 결국 '힘'이 결정한다고 했습니다. 제5절과 제6절에서 그는 표준노동일의 역사를 통해 그것을 보여줍니다. 표준노동일이 어떻게 제정되었고 어떻게 변해왔는지를 보면 우리는 '힘'이 결정한다는 말의 의미를 이해할 수 있습니다.

◦ 다시, 노동일이란 무엇인가

역사를 살펴보기 전에 마르크스를 따라 또 물어보겠습니다. 노동일이란 무엇인가. 자본가의 대답은 이렇습니다.[김, 357; 강, 375] 내가 노동력의 하루 사용권을 구매했다는 것은 말 그대로 노동력을 하루 동안 사용할 권리를 얻었다는 뜻이다. 그것은 24시간에서 노동자의 신체적 한계 때문에 불가피하게 빼놓아야 하는 '약간의 휴식시간'을 제외한 전체 시간이다.

이런 눈으로 노동자를 보면 어떻게 보일까요. 그냥 노동력으로 보이죠. 인격체가 아닙니다. 그러니 그를 위한 시간, 그 노동자가 마음대로 처분할 수 있는 시간도 없습니다. 면화를 위한 시간, 방추를 위한 시간이 따로 있지 않은 것처럼요. 오직 "자본의 가치증식을 위한 시간"이 있을 뿐입니다. 자본가는 이렇게 말합니다. "인간적 교양, 정신적 발전, 사회적 기능의 수행, 사교, 신체적·정신적 생명력을 유지하기 위한 자유 활동 등의 시간, 심지어 일요일의 안식 시간이라니(안식일을 엄수하는 나라일지라도), 당치도 않다!"[김, 357; 강, 375]

실제로 일요일에 집 앞 텃밭에서 일했다고 '신성모독의 죄'로 처벌받은 노동자가 일요일에 공장에서 일하지 않으면 '계약 위반의 죄'로 처벌받습니다.[김, 357, 각주 72; 강, 375, 각주 104] 안식일 엄수를 요구하는 교회도 일요일 노동의 폐지를 요구하는 노동자들의 외침은 외면합니다. 자본주의에서 '가치증식의 시간'은 '안식일' 이상으로 신성하니까요.

그렇다면 노동자에게 노동일은 어떤 의미일까요. 노동자가 노동력 사용권을 넘긴다는 것은 그것이 정상적(표준적) 조건에서 사용됨을 전제하는 것임을 제1절에서 살펴보았습니다. 소유권이 아니라 사용권을 넘긴 것이므로 사용 후에는 동일한 건강 상태로 돌아와야 합니다. 노동자가 신체와 정신의 건강을 되찾으려면 적절한 휴식과 식사, 주거는 물론이고 교육과 교양, 문화 활동을 수행할 수 있어야 합니다. 이를 위한 시간이 언제나 확보되어야 하죠. 노동일이란 24시간에서 노동자가 정상적 생활을 영위하는 데 필요한 시간, 노동자가 노동력을 정상적 상태로 유지할 수 있는 시간을 제외하고 나서 노동하는 시간입니다.

이것이 노동일을 둘러싼 두 개의 목소리 즉 논변과 항변 또는 권리 대 권리였습니다. 정리하자면 자본가가 생각하는 노동일 개념에 따르면 노동자의 모든 활동시간은 자본가의 것입니다. 자본가가 별수 없이 빼놓아야 하는 휴식시간이란

'생명체의 소생에 요구되는 최소한의 시간'이죠. 그러니까 휴식시간은 하루 24시간에서 노동력을 최대한 빼내고("아무리 건강에 해롭고 폭력적이며 고통스러운 것이라 해도" 상관없습니다) 남은 시간인 셈입니다. 반면 노동자에게는 "노동력의 정상적 유지가 노동일의 한계를 결정"하지요.[김, 358; 강, 376] 하루 24시간에서 노동력의 정상적 회복에 필요한 시간을 빼고 남은 시간이 노동일인 것이지요.

자본가로서는 노동자가 당장에 쓰러지지 않는 한 계속 일을 시키려고 할 겁니다. 신체의 성장과 발육, 건강에 필요한 시간, 신선한 공기를 마시고 햇볕을 쐬는 시간까지 모두 빼고 싶겠지요. 노동자에게 제공하는 식사 역시 "기계에 공급하는 윤활유나 석유"처럼 가급적 최소량으로 최소 시간 동안 이루어지길 바랄 겁니다. "자본은 노동력의 수명을 문제 삼지 않습니다." 바로 죽는 것은 문제지만 빨리 죽는 것은 문제가 아닙니다. 수명이 다하면 새로운 노동자를 고용하면 되니까요. 자본의 최대 관심사는 "사용 가능한 노동력의 최대치"이지요.[김, 358; 강, 375~376]

물론 이는 바보짓입니다. 당장의 소출에 눈멀어 땅의 힘을 소진하는 농부와 같습니다. 오래지 않아 노동력이 모두 소진되겠지요. 이런 식으로는 가치증식을 지속할 수 없습니다. 증식의 기반을 스스로 갉아먹는 꼴이지요. 이렇게 소진된 노동력을 재생시키고 보존하는 비용이 훨씬 더 들어갑니다.[김, 359; 강, 376] 과로하는 사람에게 가족이나 친구들이 하는 말이 있지요. 그렇게 일하다 치료비가 더 들겠다고. 바로 그런 겁니다. 약간의 소모는 쉽게 충전될 수 있지만 어느 선을 넘어가면 제곱으로 비용이 듭니다. 거기서 더 나아가면 어떤 비용을 들여도 회복할 수가 없습니다.

가축으로 밭을 일구던 농부들도 이 점을 알았습니다. 가축을 혹사하다가는 큰 재산을 잃을 수 있다는 것 말입니다. 노예 소유주들도 그랬습니다. 노예를 잃으면 큰 손해입니다.[김, 359; 강, 376] 연민 때문이 아닙니다. 냉혹한 계산으로도 가축이나 노예를 학대하면 안 되는 이유가 분명했습니다. 노동력도 마찬가지입니다. '총자본가' 즉 '자본가계급'의 이해관계를 생각하면 노동일을 적절히 규제하는 게 오히려 이익입니다. "자본 자신의 이해관계를 위해서라도 표준노동일을 제정할 필요"가 있는 거죠.[김, 359; 강, 376~377]

○ 식인자본은 너무 빨리 먹어치운다

그런데도 표준노동일 제정은 역사적으로 왜 그토록 어려웠던 걸까요. 왜 자본가들은 표준노동일 제정이 자본가에게도 이익이라는 것을 받아들이지 않았을까요. 그건 자본주의적 생산이 본격화될 무렵에는 노동자들의 생명력 복원을 신경 쓸 필요가 없는 상황이 조성되었기 때문입니다. 노동자들을 저렴하게 쓸 수 있어 굳이 복원을 고민할 필요가 없었던 것이지요. 일회용품처럼 쓰고 버리면 그만이니까요.

이는 미국 노예제 아래에서 일어난 일과 같습니다.[김,

360; 강, 377] 노예가 큰 자산이었던 시절 주인들은 노예를 혹사하지 않았습니다. 그런데 노예무역이 본격화되면서 상황이 바뀝니다. 아프리카에서 흑인을 마구잡이로 사냥하면서 노예 공급량이 크게 늘었거든요. 계산을 해보니 이제는 노예를 혹사하는 게 더 이득입니다. 생명을 다시 채워줄 필요가 없는 겁니다. 아메리카의 농장주들은 그렇게 해서 수백만 명 아프리카인들의 생명을 쥐어짠 후 버렸습니다(노예 한 명을 소진시키는 데 단 7년밖에 걸리지 않았습니다. 『생명을 짜 넣는 노동』, 129쪽).

　　노예들의 이야기는 노동자들의 이야기이기도 합니다. "이름만 다를 뿐 이것은 너를 두고 하는 이야기다!"[김, 360; 강, 377] 마르크스는 그렇게 말했습니다. 노예무역을 노동시장으로만 바꾸면 똑같은 이야기라는 거죠. 아메리카 농장에 아프리카인들이 투입된 것처럼 런던의 노동시장에는 독일 노동자들이 몰려듭니다. 런던의 제빵공들이 과로로 죽어가는데도 "런던의 노동시장은 제빵업에서 죽기를 각오한 독일인들과 기타 지원자들이 넘쳐"납니다.[김, 360; 강, 378] 이렇게 노동일을 늘리면 노동자들의 생명력이 바닥날 거라고 경고해봐야 소용이 없습니다. 새로운 사람들을 채용하면 그만이니까요. 제빵공이 되려는 사람은 널렸습니다. 런던 사람이 없다면 농촌에서 온 사람이 있고, 잉글랜드인이 없다면 아일랜드인이 있으며, 아일랜드인이 바닥나면 독일인이 있습니다.

　　노동력의 가치란 한 사람의 능력을 사용하려면 그 사람을 어떻게 대접해야 하는가의 문제입니다. 그런데 수요·공급이 급격히 변동하면 가치로부터 가격의 괴리도 커집니다. 상품의 가치란 애초 시장 상황에 달린 게 아닌가 하는 생각까지 들지요. 이런 생각을 가진 사람은 노동력의 가치를 사람의 조달 비용 정도로 생각합니다. 그 사람이 그 능력을 생산하고 유지하기 위해 무엇을 얼마나 필요로 하는지에는 아무런 관심도 없습니다.

자본가는 노동력이 넘쳐날 때 행복해합니다. 노동일에 대한 자신의 견해를 관철할 수 있는 환경이 만들어지니까요. 노동력을 최대한 뽑아 쓰는 게 가능해집니다. 게다가 임금을 노동력의 가치 이하로 지급할 수 있는 여건도 조성되지요. 공급이 많아지면 가격이 가치 이하로 떨어질 테니까요(이 점은 현실적으로는 매우 중요하지만 지금은 적극적으로 고려하지 않겠습니다. 나중에 임금편에서 따로 다룰 겁니다. 일단은 노동력의 가치를 제대로 지급한다고 전제하고 과잉 노동인구가 노동일에 미치는 영향만을 고찰합니다).

내가 방금 자본가로서는 노동인구가 넘치는 상황이 행복할 거라고 했는데요. 사실 자본주의에서는 이런 상황이 일반적입니다.[김, 363~364; 강, 380] 상대적 과잉인구 상황이 대체로 유지되지요. 그런 일이 어떻게 가능한지가 중요한 문제인데요, 우리 시리즈 11권에서 다룰 겁니다. 지금으로서는 자본주의에선 일할 사람이 생산에 필요한 사람보다 많은 게 일반적이라는 정도만 이야기해두겠습니다.

하지만 산업자본주의가 궤도에 막 올라섰을 때는 노동인

구가 모자랐습니다. 특히 호황기에는 "노동시장이 걱정될 정도로 바닥을 드러내기도" 했지요.[김, 361; 강, 378] 한국 사회도 1960~1970년대에 그랬습니다. 엄청난 규모의 사람들이 농촌을 떠나 도시로, 공장지대로 이동했습니다. 자본이 노동을 먹어치우는 속도가 엄청났으니까요. 공장들은 도시인구를 금세 탕진하고 농촌인구까지 계속해서 빨아들였습니다.

자본이 몰리는 곳에 인구도 몰렸습니다. 대도시들이 만들어졌지요. 사실은 '대도시'라는 것 자체가 19세기적 현상입니다. 엥겔스도 『영국 노동자계급의 상태』를 도시에 몰려든 산업 프롤레타리아들에 대한 이야기로 시작합니다. "누군가 몇 시간 내내 돌아다녀도 도시의 가장자리 근처에도 이르지 못하고, 가까운 거리에 탁 트인 교외가 있으리라 추론할 만한 단서를 전혀 얻지 못하는 런던 같은 도시는 이상한 곳이다."[35] 인구 250만 명을 한곳에 몰아넣은 엄청나게 큰 도시. 엥겔스의 말이 무척 인상적이지요? "런던 같은 도시는 이상한 곳이다." 그는 새로운 현상으로서 대도시를 만난 겁니다. 대도시는 부자들만 모이는 곳이 아닙니다. 빈민들이 몰려드는 곳이기도 하지요. 볕이 들지 않고 환기도, 하수처리도 되지 않는, 그래서 전염병이 창궐하는 빈민굴로 사람들이 한없이 몰려들었습니다.

제조업의 중심지였던 맨체스터는 말할 것도 없습니다. 맨체스터는 당시 인구밀도가 가장 높은 곳이었습니다. 사람들은 "가능하기만 하면 어디에나 굴"을 파고 오물이 가득한

곳에서 살았습니다. 엥겔스는 이 "모든 것이 최근에 생겨난
것, 산업 시대에 속하는 것"이라고 했습니다.[36] 처참한 주거
환경에도 불구하고 사람들은 왜 몰려드는가. 엥겔스는 이렇
게 말했습니다. "이 세상에는 프롤레타리아들이 차고 넘치며,
그들 모두가 살기보다 죽기를 택할 만큼 미치지는 않았으니
까."[37] 모두가 일자리를 찾아서 온 겁니다. 노동력을 팔지 않
고는 살 수가 없게 되었으니까요.

　　노동인구가 넘쳐난다고 노동시간이 줄지는 않습니다. 사
실은 반대죠. 취업을 원하는 사람이 많을수록 자본가는 노동
자들을 혹독하게 부립니다. 대신할 사람이 넘쳐나니까요. 그
래서 19세기 초까지 노동일은 무한정 늘어났습니다. 그만큼
노동자 개인의 수명은 짧아졌고요.

　　공장에는 노동자가 있어야 합니다. 그러나 그것이 노동
자 개개인이 계속 있어야 한다는 뜻은 아닙니다. 30년 동안
한 사람이 일할 필요는 없습니다. 10년씩 세 사람이 일해도
되지요. 지원자가 많다면 노동력을 최대로 뽑아 쓴 뒤 새 사
람으로 갈아치우는 게 자본가로서는 이득이죠. 이 때문에 노
동력 한 세대의 수명이 무척 짧아졌습니다. 1863년 영국의 하
원의원 윌리엄 페런드(William Ferrand)는 이런 말을 했습니다.
"면직 산업은 90년의 역사를 가지고 있다. …… 그런데 영국
에서 3세대가 지나는 동안 이 산업은 면직 노동자의 9세대를
삼켜버렸다."[김, 361; 강, 378, 재인용]

　　19세기 전반기 내내 영국에서는 덩치가 커진 자본의 식

욕을 감당하기 어려웠습니다. 노동자들을 조달하기가 쉽지 않았지요. 자본이 노동자들을 너무 빨리 먹어치운 탓도 있고 사람들이 아메리카와 오스트레일리아로 대규모 이민을 간 탓도 있습니다. 사방팔방으로 일할 사람을 찾아 뛰던 공장주들은 교구별로 가난한 사람들을 관리하던 구빈법위원회(Poor Law Commissioners)와 거래를 했습니다. 마르크스가 인용한 자료에 따르면(맥락상 윌리엄 페런드의 연설 같습니다), 구빈법위원회가 농업노동자의 명부를 넘기면 공장주가 사람을 선택합니다. 그러고 나면 "이들 인간화물들(Menschenpakete)은 일반화물과 마찬가지로 꼬리표를 단 채 짐마차로 송달"되었습니다. 나중에는 이런 거래가 아예 "정규적인 상거래 부문으로 발전"했을 정도입니다. 자료의 화자는 이것이 미국의 흑인 노예거래와 같다고 말합니다. "이 정규적 거래 즉 인신매매는 지속적으로 이루어졌고, 이들은 흑인이 미국 남부의 여러 주에서 면화 재배업자에게 팔리는 것과 완전히 똑같이…… 맨체스터 공장주들에게 넘겨졌다."[김, 362; 강, 378~379, 재인용]

특히 인상적인 곳은 구빈원(Workhouse)입니다. '구빈원'이라고 옮겼지만 단어 자체를 그대로 뜯어보면 '노동의 집'입니다. 사람들을 모아 노역을 시키는 곳이지요. 영국은 물론이고 17~18세기 유럽 곳곳에 세워졌습니다. 이곳은 마르크스가 19세기 공장의 원형적 모델처럼 중요하게 언급하고 있으므로 조금 뒤에 따로 다루겠습니다. 여기서는 다만 노동력 공급처로서 구빈원이 수행했던 기능만 짧게 언급해두겠습니다.

구빈원은 빈민과 부랑인 수용시설이었는데요. 산업자본주의 초기에 노동력의 중요한 공급처 역할을 했습니다. 특히 면방직 산업에 많은 아이들을 공급했습니다. 엥겔스에 따르면 아이들은 제조업 초기부터 고용되었습니다. 구빈원의 많은 아이들이 "수년간 제조업자에게 임대 형식의 견습공으로 고용"되었지요. "그들은 공동으로 의식주를 제공받았고, 그들을 난폭하고 잔혹하게 다루는 주인의 두말할 나위 없는 노예"였습니다.[38] '견습', 다시 말해 교육 목적으로 받았으니 임금 수준도 무척 낮았겠지요. 말만 견습이지 실제로는 아동 착취였습니다.

역사학자 시드니 폴라드(Sidney Pollard)는 이렇게 말했습니다. "근대적 산업, 특히 방적업이 큰 건물 내에서 행해지는 경우 그것이 감옥, 구빈원, 고아원 등과 결탁되지 않은 경우는 거의 없었다. [그동안] 이 결합은 과소평가되었다. 특히 새로운 공장은 자유로운 노동자만을 고용한다고 생각하는 역사가들이 이 결합을 과소평가하고 있다."[39]

『자본』은 노동력 매매와 관련해 자본가와 노동자의 자유롭고 평등한 거래를 전제하고 있습니다만 산업자본주의 초기에는 강제 인신매매라고 불러도 좋을 일들이 많았습니다. 특히 고전주의 시기(17~18세기)에 세워진 수용시설들은, 유럽인들이 아메리카에서 광맥을 발굴하기 전 금붙이들을 약탈했던 궁전이나 신전처럼 19세기 자본가들이 노동력을 쉽게 약탈할 수 있는 인간 저장소들이었던 겁니다.

◦ 뒷일은 나도 몰라, 될 대로 되라지!

노동일을 최대한 연장하고 아이들까지 동원하는 것. 자본가 개인으로서는 이것이 냉철하고 합리적인 선택일 수 있습니다. 하지만 누군가 우리 시대를 조금 더 떨어진 곳에서 볼 수 있다면 우리 시대만큼 사람들의 생명력을 낭비하는 시대도 없다고 말할 겁니다. 자본가 개인의 시각에서는 합리적인 행동이 인류 전체의 시각에서는 미친 짓인 셈이죠. 마르크스는 "사려 깊은 관찰자의 눈"에는 "역사적으로 볼 때 겨우 어제 시작된 자본주의적 생산이 얼마나 빨리 그리고 얼마나 깊숙이 민중의 생명력의 근원을 장악해버렸는지" 보일 것이라고 했습니다.[김, 364; 강, 380]

이런 식으로 가다가는 인간도 자연도 파탄 날지 모릅니다. 그러나 자본가에게는 이런 말이 통하지 않습니다. 사업의 목적은 인류 복지나 환경보호가 아니라 이윤이고, 인간과 자연의 파탄은 목적의 위반이 아니라 충실한 이행에서 생겨난 겁니다. 따라서 그들 자본가는 이렇게 가다가는 "인류가 멸망할지 모른다"라는 말에도 눈 하나 꿈쩍하지 않습니다. 설령 "지구가 태양과 충돌한다고 해도" 그건 그의 문제가 아닙니다.[김, 365; 강, 381] 오늘 나는 수익은 내 몫이지만 내일 망하는 지구는 모두의 문제니까요.

"모든 주식투기가 언젠가 한 번은 폭풍우를 맞는다는 것을 알지만, 그 폭풍우는 자신이 황금 빗물을 모아 안전한 곳으로 옮긴 뒤에야 자기 이웃의 머리를 덮칠 것이라고 생각한다.

뒷일은 난 몰라! 이것이 모든 자본가, 모든 자본주의 국가의 표어다."[김, 365; 강, 381] 주식시장이든 부동산시장이든 '상투를 잡는다'라는 말이 있지요. 가격이 최고점에 이르렀을 때 구입했다는 뜻입니다. 이제는 떨어질 일만 남은 거죠. 그런데 '상투를 잡은' 사람 중 누구도 자신에게 그런 일이 닥칠 거라고는 생각하지 않습니다. 거품은 언젠가 터지겠지만 그건 자기가 한몫 챙긴 다음에 일어날 일이라고 믿지요.

폭풍우는 다음 사람에게 닥칠 거야! 뒷일은 몰라! 이게 단순히 주식투자라면 모르겠습니다. 하지만 인간생명과 생태환경에 유해한 일들을 일단 저지르고 보는 거라면 그대로 둘 수 없지요. 자본가는 공장에서는 전제군주로서 어떤 낭비, 어떤 무질서도 용납하지 않습니다. 하지만 사회에서는 속물적 무정부주의자가 됩니다. 사회 전체에 어떤 희생이 초래된다고 해도 신경 쓰지 않습니다. 규제에 빈틈이 있다면 그는 서슴없이 대기 중에 유해물질을 내보내고 강에 폐수를 방류합니다. 뒷일은? '난 몰라!'입니다.

"자본은 사회가 강요하지 않는 한 노동자의 건강과 수명에 전혀 관심을 두지 않는다."[김, 365; 강, 381] '사회가 강요하지 않는 한'이라는 표현에 주목할 필요가 있습니다. 자본에 대한 마르크스의 시각이 잘 담긴 문구입니다. 자본에게는 스스로의 증식운동을 억제할 내적 이유가 없습니다. 항상 최대한의 증식을 위해 움직입니다. 제약이 있다면 있는 한에서, 없다면 없는 한에서 항상 '최대한'입니다.

마르크스의 말처럼 이는 "개별 자본가의 선하거나 악한 의지에 달린 문제가 아"닙니다.[김, 365; 강, 382] 개인적으로야 모범시민이고 동물학대방지협회 회원이고 성인(聖人) 소리를 듣는 사람일 수 있습니다. 그러나 모범시민, 동물학대방지협회 회원, 성인 등등은 자본가를 자본가로 만드는 규정이 아닙니다. 자본가는 자본의 인격적 담지자로서만 자본가입니다. 따라서 자본이 가치증식운동을 멈춰야 할 내적 이유를 갖지 않는 것처럼 자본가도 이윤 추구를 멈춰야 할 내적 동기를 갖지 않습니다. 그래서 제1절에서 노동자는 자본가에게 항변하면서 "당신의 가슴에 호소하지 않는다"라고 했지요. 이것은 자본가의 개인적 의지의 문제가 아니니까요.

사실 개인으로서 자본가는 항상 쫓기고 있습니다. 그로서도 여유가 없습니다. 다른 자본가들과의 '경쟁'(Konkurrenz)이 그를 압박하거든요. 경쟁에서 지면 살아남을 수 없습니다. 한 치킨집이 휴일도 없이 밤늦게까지 영업하면 옆 치킨집이 압박을 받습니다. 한 매장에서 고객들에게 서비스 물품을 제공하면 동일한 상품을 파는 다른 매장이 압박을 받습니다. 경쟁이 격화되면 버틸 수 없는 곳들이 생겨나겠지요. 이때 불공정 거래라며 정부의 강력한 개입을 촉구하는 목소리가 나옵니다. 어떤 때는 시장에 맡기라고 하지만 어떤 때는 시장을 위해 개입해달라고 하지요.

『자본』을 쓸 당시 영국에서는 도자기 회사들이 아동노동에 대해 비슷한 요구를 했습니다.[김, 365, 각주 82; 강, 382, 각

주 114] 치열한 경쟁 때문에 도저히 '아동노동시간'을 자발적으로 줄이기 힘드니 국가가 규제를 해달라고 한 것입니다. 해당 자본가들이 인도주의와 박애정신 때문에 그런 청원을 하지는 않았을 겁니다. 자신들보다 더 많은 아이들을 더 오래 일시킴으로써 더 큰 이익을 챙겨 가는 경쟁 업체들을 견제하려는 것이었겠지요.

사실 『자본』의 이전 장들에서도 자본가들 사이의 '경쟁'은 전제되고 있었습니다. 부각하지는 않았지만요. 지난 책에서 나는 마르크스가 말한 '정상적 노동조건'이 '평균적 노동조건'을 의미한다고 했습니다(『생명을 짜 넣는 노동』, 109~110쪽). 생산수단과 노동력이 모두 평균적 수준을 유지해야 한다고요. 평균 이상으로 지출된 것들은 가치를 인정받지 못합니다. 달리 말하면 해당 자본가들이 손해를 봅니다. 남들은 10킬로그램의 면사를 만드는 데 11킬로그램의 면화면 족한데 만약 15킬로그램의 면화를 쓴 자본가가 있다면 4킬로그램의 면화는 그냥 내다버린 것과 같습니다.

노동조건만이 아닙니다. 상품가치에 대한 규정 자체에 경쟁이 들어 있습니다. 상품의 가치란 그 상품의 생산에 사회적으로 필요한 노동량인데요. 이때 '사회적'이라는 말은 복수의 생산자를 전제합니다. 독점을 고려하지 않는다면 상품가치의 사회적 결정이란 경쟁을 통한 결정이라고 할 수 있습니다. 자본가는 이것을 항상 의식합니다. 이해하지는 못해도 언제나 체험하니까요. 단가를 맞추지 못하면 도태됩니다. 자본가는 그걸 이런 식으로 말합니다. 경쟁에서 지면 죽는다.

　마르크스는 이를 '경쟁의 강제법칙'이라는 말로 표현했습니다. "자유경쟁은 자본주의적 생산의 내적 법칙들(immanenten Gesetze)을 개별 자본가들에 대해 외적 강제법칙(äußerliches Zwangsgesetz)으로 작용하게 만든다."[김, 365; 강, 382] 이 표현은 다음 책에서 또 만나게 될 겁니다. 시리즈의 다음 권인 7권에서 우리는 자본가가 기술혁신(생산성 향상)을 통해 잉여가치를 늘리는 것을 살펴볼 텐데요. 자본주의적 생산의 내적 법칙을 이해하는 사람에게는 자본가들의 행동이 잉여가치를 늘리기 위해 선택할 수밖에 없는 필연적 경로로 여겨집니다. 그러나 개별 자본가가 그것을 인식하지는 않습니다. 그를 그 길로 내모는 것은 과학적 인식이 아니라 '경쟁의 강제법칙'입니다.[김, 432; 강, 442]

　그러니까 개인으로서 자본가는 어떤 흑마술에 걸려 심성이 뒤틀어진 괴물이 아닙니다. 만약 우리가 흑마술이니 괴물이니 하는 표현을 써야 한다면 물신주의에 대해 말한 것과 똑같이 말해야겠지요. 그것은 개인 심성의 문제가 아니라 생산 체제의 문제입니다. 개인으로서 자본가는 단지 다른 자본가와의 경쟁에서 이기기 위해 최선을 다할 뿐입니다. 편법과 폭력을 쓰기도 하고 혁신을 단행하기도 합니다. 법칙은 모릅니다. 그가 아는 건 경쟁자를 이겨야 한다는 것뿐입니다. 그런데 그런 행위를 통해 자본주의적 생산의 내적 법칙이 관철됩니다. '무슨 수를 쓰든 경쟁자를 이기겠다'라는 자본가 개인의 신념이 그로 하여금 '무슨 수를 쓰든 가치를 증식하라'라는 자본 일반의 요구를 수행하게 만들지요.

참고로 어떤 오해가 있을까 해서 한마디 해두겠습니다. 앞서 말한 '법을 통한 외적 규제'와 지금 말하는 '외적 강제법칙'을 혼동하면 안 됩니다. 전자는 자본의 운동 내지 자본가의 충동에 내적 제어 원리가 없기 때문에 외적으로 규제하지 않으면 안 된다는 뜻입니다. 그대로 두면 사회 전체를 파괴할 정도까지 나아간다는 것이죠. 이와 달리 후자는 자본가는 자본의 운동 법칙을 경쟁이라는 외적 압박 내지 강제를 통해 체험한다는 뜻입니다. 다시 말하면 전자는 자본의 운동에 대한 외적 강제가 필요하다는 뜻이고요, 후자는 자본의 운동이 개별 자본가에게는 자신을 떠미는 외적 강제로 느껴진다는 뜻입니다.

° 근대 노동윤리와 노동자의 탄생

노동일 연장에 대해 법적 규제가 가해진 것은 19세기 들어서입니다. 공장법을 통해 표준노동일이 정해졌습니다. 마르크스의 말처럼 "자본가와 노동자 사이의 몇 세기에 걸친 투쟁의 결과"였지요.[김, 366; 강, 382] 그런데 마르크스는 19세기 공장법을 그 이전의 노동 관련 법령들과 비교하면 흥미로운 점을 발견할 수 있다고 했습니다. 19세기 공장법에서는 노동일을 단축시키려고 했는데 그 이전의 법령에서는 연장시키려 했다는 겁니다. 19세기 공장법이 공장주의 행동을 강제했다면 18세기까지는 법령들이 노동자의 행동을 강제했던 셈이죠. 역사가 진보한 걸까요?

그런데 마르크스는 다른 걸 읽어냅니다. 19세기 이전의 법령들에서 노동일을 강제로 늘리려 했던 이유는 무엇인가. 먼저 자본가 쪽의 사정이 있었을 겁니다. 법을 통해 노동을 강제해야 했다는 것은 아직 자본가 자신에게는 충분한 힘이 없었다는 뜻입니다. "경제적 관계의 힘만으로는 잉여노동을 충분히 흡수할 수 없어 국가권력의 도움을 받아야" 했던 거죠. 자본가는 '죽기를 각오한 지원자들'이 공장에 몰려들 때 힘을 쓸 수 있습니다. 그때 비로소 노동자들의 생사여탈권을 쥐고 흔들 수 있지요. 그런데 자본주의 맹아기에는 이런 일이 불가능했습니다. 마르크스의 표현을 빌리자면, 노동자가 "자신의 활동시간 전체 또는 자신의 노동능력 자체를 자유의지로 팔게 되기까지", 다시 말해 "자신의 장자권을 팥죽 한 접시에 팔아넘기기까지"(창세기 25:29)는 수 세기의 시간이 걸렸습니다.[김, 366; 강, 382~383]

노동자 쪽의 사정도 있었지요. 법으로 노동을 강제해야 했다는 건 노동자들이 노동에 거부감을 가졌다는 뜻입니다. 먹고살아야 하니까 일을 하기는 하는데 피할 수만 있다면 피하려 했지요. 조금이라도 먹고살 것이 생기면 다음 날 곧바로 일을 그만둡니다. 일하는 중에도 틈만 나면 휴식을 취하려 했고요. 한마디로 노동규율이 잡혀 있지 않았습니다.

1496년 영국의 노동 관련 법령은 수공업자와 농업노동자의 노동일을 아침 5시부터 저녁 7~8시로 규정했습니다. 3월부터 9월까지요. 그런데 마르크스에 따르면 이 법이 제대로 지켜지지 않았습니다.[김, 368; 강, 384] 많이 쉬지 못하도록 법에서는 식사시간은 아침에 1시간, 점심에 1시간 30분만 두고 오후에는 간식시간만 30분 허용했습니다. 재밌지요? 오늘날에도 점심시간 1시간 30분에 간식시간 30분을 주는 회사는 많지 않을 겁니다. 그런데 당시 법은 이런 내용으로 으름장을 놓았습니다. 형식상 노동일은 14시간이지만 중간에 먹는 시간만 해도 3시간이 들어 있었으니 19세기 표준노동일보다도 짧았던 셈입니다.

1562년 엘리자베스 여왕 시절의 법령에서는 중간 휴식을 여름에는 2시간 30분으로, 겨울에는 2시간으로 줄이려고 했습니다. 점심시간을 1시간으로 줄이고 5월 중순과 8월 중순에만 '30분의 낮잠'을 허용해야 한다고 했지요. 노동일을 늘리기 위해 규제를 강화한 것인데요. 일하는 중간에는 2시간만 쉬고, 낮잠시간은 30분만 제공하라고 엄명한 것인데, 이런 강제 명령도 19세기 노동자들로서는 그저 부러울 따름이지요. 게다가 마르크스에 따르면 "실제 사정은 법조문에 있는 것보다도 노동자에게 훨씬 유리"했다고 합니다.[김, 368; 강, 384]

아이들의 노동도 마찬가지입니다. 17세기 말 한 저자는 "영국 소년들은 도제가 되기 전까지는 아무 일도 하지 않"으며 "도제가 된 뒤에도 완전한 수공업자가 되기까지는 7년이 걸린다"라고 한탄합니다.[김, 369; 강, 385] 그러니까 17세기까지는 아이들이 노동력을 팔지 않았다는 뜻이지요. 나중에 제7편 제24장(영어판은 제8편) '소위 시초축적'편에서 보겠지만, 이때는 도시에서 노동하지 않고 배회하는 자들에게 불에 달군 쇠로 낙인을 찍어대던 시절인데, 그 험악한 시절에도 아이들을 공장에서 혹사하지는 않았던 겁니다.

법으로 노동을 강제하던 시절, 학문에서도, 종교에서도 노동의 가치를 설파하는 사람들이 나타납니다. 마르크스는 18세기 후반(1760~1770년대)에 벌어진 논쟁을 소개하는데요. 매우 상징적인 시점입니다. 영국에서 대공업이 등장한 때거든요. 대공업의 등장과 더불어 "노동일 연장의 태풍"이 몰아칩니다.[김, 376; 강, 391] 칼 폴라니의 표현을 빌리면, 바로 이때 "증기기관이 자유를 위해 아우성치고 기계가 인간의 손을 구하려고 절규"하기 시작했지요.[40]

마르크스는 당시 노동자의 입장을 대변한 사람과 자본가의 입장을 대변한 사람을 하나씩 내세웠는데요. 전자는 『무역과 상업 사전』(1751~1755)의 편찬자였던 포슬스웨이트(M. Postlethwayt)이고 후자는 『무역과 상업에 관한 에세이』(1770)를 익명으로 펴낸 커닝엄(J. Cunningham)입니다.

포슬스웨이트가 먼저 나섭니다. 주장의 요지는 이렇습니다. 노동자가 5일의 임금으로 충분히 생활할 수 있다면 6일을 일하지 않을 것임은 당연하다. 그런데 6일 노동을 강제하기 위해 생필품 가격을 올리자는 사람들이 있다. 일부러 6일을 일해야 겨우 먹고살 수 있게 하자는 것이다. 이는 노동자들을 영구적 노예 상태에 두자는 것과 같다. 1주일에 6일을 1년 내내 일해야 한다면 노동자들은 독창성을 잃고 바보가 될 것이다. 영국 노동자들의 우수한 재능과 기예는 그들이 누리는 자유 덕분이다. 영국 노동자들의 이런 특권을 빼앗아서는 안 되며 이를 떠받치는 '좋은 삶'(gute Leben) 역시 무너뜨려서는 안 된다.[김, 371~372; 강, 386~387]

　　이에 커닝엄이 반발하며 주장합니다. 신께서 일곱째 날에 쉬었다는 것은 나머지 요일들은 노동에 속한다는 뜻이다(마르크스는 이 말에 괄호 치고 실제로는 '자본에' 속한다고 썼습니다). 따라서 1주일에 6일을 일하는 것은 신의 명령을 지키는 것이므로 잔혹한 일이 아니다. 게다가 인간은 천성적으로 나태하다. 이것은 매뉴팩처 노동자들이 평균적으로 1주일에 4일 이상은 일하려 하지 않는다는 사실에서 알 수 있다. 생필품 가격을 올리지 않으면 더는 일을 하려 들지 않을 것이다. 불행히도 영국은 임금이 상대적으로 높아 4일만 일하고 나머지 날들은 여분의 돈으로 놀며 지낸다. 전체 인구의 8분의 7이 사유재산을 갖고 있지 않은 우리 같은 상업 국가에서 자유와 독립에 대한 천부적 권리를 운운하며 민중들을 선동하는 것은 좋지 않다. 이 나라의 노동자들이 4일 동안 받는 임금으로 기꺼이 6일을 일하게 될 때까지는 완전히 치료된 게 아니다.[김, 372~374; 강, 388~389]

　　커닝엄은 '치료'(cure)라는 표현을 썼는데요. 1주일에 6

일씩 1년 내내 일하려 하지 않는 태도를 질병으로 본 겁니다. 이는 이 시기의 정치경제학자, 성직자, 철학자에게 널리 퍼진 생각이었습니다. 노동이야말로 부의 척도이고 구원의 길이라는 생각을 이들의 글에서 쉽게 찾아볼 수 있습니다. 누구라고 할 것 없이 『국부론』*An Inquiry into the Nature and Causes of the Wealth of Nations*(1776)의 저자 애덤 스미스(Adam Smith)가 이 시기 인물입니다. 그가 말하는 국부의 원천은 비옥한 땅도 아니고 귀금속 광산도 아닙니다. 그것은 사람들의 근면한 노동입니다(『마르크스의 특별한 눈』, 27쪽 참조).

노동윤리에 대해서라면 막스 베버(Max Weber)가 '자본주의 정신'의 전형을 확인한 프로테스탄트교를 빼놓을 수 없지요. 프로테스탄트교 목사들은 노동을 소명으로 간주했고 노동을 통해 얻은 현세적 부를 내세적 구원의 징표로 보았습니다. 신이 아담에게 형벌로서 노동을 부과했다는 점을 생각하면 놀라운 전도가 아닐 수 없습니다. 형벌을 열정적으로 수행하는 것은 이상한 일이니까요. 실제로 구교(가톨릭교)는 노동에 일정한 제한을 두었습니다. 구체제(ancien régime)하에서 프랑스의 교회법은 노동자들에게 90일의 휴일(52일의 일요일과 38일의 공휴일)을 주도록 정했는데요. 이 기간에 노동을 하면 범죄로 간주되었습니다. 상공업에 종사하는 부르주아들이 구교에 반기를 든 중요한 요인들 중 하나가 이것이었지요. 혁명이 발발했을 때 집권한 부르주아들은 전통적 종교 축일을 없앤 것은 물론이고[김, 373, 각주 92; 강, 388, 각주 124] 1주일을 10일로 바꾸기까지 했습니다.[41] 7일에 한 번씩 쉬는 날이 온다는 걸 참을 수 없었던 거죠.

지그문트 바우만(Zygmunt Bauman)은 산업화 초기 노동윤리의 설파자들이 타파하고자 했던 '병적 습관' 중 하나가 "주어진 대로 만족하고 만족한 데서 더 바라지 않는 성향"이라고 했는데요.[42] 베버도 비슷한 점을 지적했습니다. 당시 노동자들에게는 "돈을 더 버는 것보다는 일을 적게 하는 것이 더 매력적"이었다는 겁니다. 그래서 "최선을 다해 일하면 나는 하루에 얼마나 벌 수 있을까"라고 묻기보다 "예전에 번 만큼 벌려면 그리고 종래대로 필요한 것을 얻으려면, 나는 얼마나 일해야 할까"라고 묻습니다.[43] 돈을 벌기 위해 사는 게 아니고 사는 데 돈이 필요한 겁니다. 노동은 딱 그만큼의 돈을 벌 정도만 하면 되죠.

이들에게 프랭클린 같은 기업가는 어떻게 보였을까요. "시간은 돈"이며, "일하지 않고 쉰 시간은 단지 돈을 벌지 못한 시간이 아니라 벌 수 있는 돈을 써버린 시간"이라고 설교했던 벤저민 프랭클린 말입니다. 베버에 따르면 그런 사람은 "도저히 이해할 수 없는 신기한" 인물, "보잘것없고 경멸받아 마땅한" 인물이었습니다. 평생 쓰지도 못할 돈을 모으는 데 인생을 허비하다니요. 그런 인간은 "도착적 충동"(perverser Triebe)이나 "황금에 대한 저주받을 탐욕"(auri sacra fames) 같은 말이 아니고는 설명할 길이 없었습니다.[44] 한마디로 '돌아이'로 보였다는 거죠.

반면에 자본가들로서는 그런 노동자들이 못마땅했을 겁니다. 일은 제대로 하지 않으면서 임금만 챙기는 걸로 보였겠지요. 존 스튜어트 밀(J. S. Mill)도 『정치경제학 원리』에서 당시 노동자들의 행태에 불만을 표출했습니다. "우리는 노동계급 일반에서 성실하게 일하고 만족스러운 임금을 받아 가겠다는 자긍심을 찾아볼 수가 없다. 대부분의 경우에 그들이 하는 유일한 노력이란 되도록 많이 받고 일로서는 되도록 적게 되돌려 주는 것이다."[45]

밀은 노동에 대한 자긍심이 없는 노동자들을 질타했습니다만 사실 그런 자긍심을 깬 것은 자본주의 자체입니다. '공장노동'이라는 건 전통적인 장인의 노동과 다르죠. 자신이 정한 목표에 따라 스스로 노동과정을 통제하면서 일했던 사람들과, 타인이 정한 성과물을 내기 위해 타인이 정한 방식에 따라 타인의 감독 아래서 작업하는 사람들의 노동이 같을 수 없습니다. 산업화 초기 노동자들이 공장노동에서 긍지를 느끼기는 힘들었을 겁니다. 이들 노동자들이 공장노동을 피하려 한 것은 충분히 이해할 수 있습니다. 방적기를 발명한 아크라이트(Sir Richard Arkwright)는 이렇게 말했다고 합니다. "시골 사람들은 하루에 10시간 넘게 공장에 갇힌 채 기계를 쳐다볼 생각이 없었다."[46]

아마도 당시 자본가들은 상품보다 먼저 만들어내야 하는 것이 있음을 깨달았을 겁니다. 상품을 생산하기 전에 제대로 된 노동자부터 생산해야 한다는 생각이 들었겠지요. 게으름 피우지 않고 열심히 일할 노동자, 자본가의 통제에 순응하고 공장의 규율을 엄수하는 노동자 말입니다. 자본주의 생산양식이란 상품의 생산양식이면서 주체성의 생산양식이라고도 할 수 있겠습니다. 노동자를 어떻게 노동자로 만들 것인가. 노동자를 어떻게 길들이고 길러낼 것인가.

우선 필요한 것은 모두가 앞다투어 노동자가 되려 하는 환경의 조성입니다. 노동자가 아니어도 먹고살 길이 있으면 안 되는 거죠. 그다음에는 일자리를 구해도 방심할 수 없게 해야 합니다. 일자리를 잃으면 살 수가 없다는 걸 깨닫게 해야하고요. 더 나아가 일을 잠시라도 쉬면 살기가 어려워지도록 해야 합니다. 그러려면 4일만 일하고 그 돈으로 일주일을 먹고살게 해서는 안 되지요. 이게 앞서 인용한 커닝엄의 생각입니다. 4일치 임금으로 6일을 일할 때까지는, 다시 말해 6일을 일해야 이전의 임금을 받을 수 있게 될 때까지는 '치료'가 끝나지 않았다는 겁니다.

전통적 노동자들은 돈을 벌기 위해 평생을 허비하는 사람들을 '도착증'에 걸렸다고 했죠. 치료가 필요한 사람들이라고요. 그런데 이제는 그들 자신이 나태와 방탕, 인습에 물든 사람들 즉 치료가 필요한 사람들이 되었습니다.

○ 공장의 원형으로서 '구빈원'

이 사람들을 어디서 어떻게 치료할 것인가. '구빈원'이 바로 그 해법으로 제안된 시설입니다. "이 목적을 위해, '나태와 방탕 그리고 낭만적 자유의 몽상을 근절하기' 위해, 또 '구빈세의 경감, 매뉴팩처에서 근면 정신의 장려와 노동가격의 인하를 위해', 자본의 충직한 에카르트는 공적 자선에 의지하는 이런 노동자들, 한마디로 가난한 사람들을 '이상적 구빈원'(ideal Workhouse)에 집어넣자는 확실한 대책을 제안했다."[김, 374; 강, 389] 마르크스가 말한 '충직한 에카르트'(treuer Eckart)는 독일의 고대 영웅 시가에 나오는 인물인데요, 여기서는 커닝엄을 가리킵니다. 커닝엄은 '완전한 치료', 다시 말해 제대로 된 노동자들을 만들어내려면 사람들을 구빈원에 집어넣어야 한다고 주장했습니다.

치료라는 말이 나왔으니 말인데 당시 프랑스에서는 구빈원을 실제로 '오피탈'(hôpital)이라고 불렀습니다. 오늘날 '병원'을 뜻하는 말입니다. 영국에서는 '워크하우스' 즉 노동의 집(노역장)인데 프랑스에서는 '오피탈' 즉 병원입니다. 우리는 이걸 '구빈원'(救貧院)이라고 옮기고 있고요. 각각의 말들이 나름대로 의미가 있습니다. 구빈원은 '빈민'에 대한 구제책으로 제안된 시설로서 '노동'을 '치료' 수단으로 썼으니까요. 빈민과 노동, 치료가 결합된 곳이죠.

영국에서 빈민과 부랑인을 수용하는 시설이 만들어진 것은 엘리스베스 1세 때입니다. 당시 법령에 따르면 "부랑자들을 처벌하고", "가난한 사람들의 부담을 덜어주기" 위해 각 주별로 최소한 1개씩 수용시설을 지었습니다.[47] 수용시설 건립은 사실 15세기 말에 시작해 16세기 내내 계속된 부랑인들에 대한 '피의 입법'의 연장선상에서 이루어진 일입니다. 당시 토지에서 쫓겨난 수많은 사람들이 도시로 몰려들었는데요, 근대 노동자계급의 선조라 할 수 있습니다. 이들은 어떤 점에서 피해자들이죠. 땅을 빼앗긴 피수탈자들인데 죄인 취급을 받았습니다. 마르크스의 말을 빌리자면 "부랑자와 극빈자로 전락한 죄"를 범했지요.[김, 1006; 강, 987]

당시에는 거지가 되려고 해도 면허가 필요했습니다. 늙고 병들어 노동능력이 전혀 없다는 증명서가 있어야만 했지요. 그런 게 없이 부랑하다 걸리면 엄청난 매를 맞은 뒤 '노동에 종사하겠다'라는 맹세를 하고서 풀려납니다. 부랑인 주제에 노동을 거절하면 그를 고발한 사람의 노예가 되어야 했습니다. 그러다 도망치면 얼굴에 낙인을 찍었고 낙인찍힌 사람이 다시 걸리면 세 번째는 죽음에 처해졌습니다. 커닝엄은 이 시기야말로 "영국인이 대단한 열성을 갖고서 매뉴팩처를 장려하고 빈민들에게 일하도록 노력했던" 때라고 했습니다.[김, 1008, 각주 1; 강, 988, 각주 221](이때의 형벌들이 갖는 의미에서 대해서는 '소위 시초축적'편에서 자세히 다룹니다.)

17세기로 넘어오면서 수용시설의 전반적 개편이 이루어집니다. 아예 노동능력이 없는 사람들에 대한 구호시설이나 노동을 거부하는 이들에 대한 교도소(house of correction)와는 다른 수용시설이 만들어집니다. 노동능력을 가진 사람들을 수용한 후 일을 시키는 강제 노역장(house of industry)이 생겨났습니다. 1601년 구빈법(poor law)에 따르면 각 교구는 노동능력이 있는 빈민들에게 생계를 위한 일자리를 제공해야 합니다. 본격적 의미의 '구빈원'(workhouse)은 조금 더 뒤에 만들어졌습니다. 1679년에 처음 생겼지요. 18세기 말이 되면 이런 구빈원들이 영국에서만 126개까지 늘어납니다.[48] 이것은 영국만의 현상이 아니었습니다. 구빈원은 이 시기 유럽 곳곳에 세워졌습니다. "유럽 전체의 현상"이었지요.[49]

앞서 나는 구빈원이 산업자본주의 초기에 노동력 공급처 역할을 했다고 했는데요. 실제로는 경제적 의미보다 윤리적 의미가 컸을 겁니다. 구빈원 제안자들도 수용자들이 노동을 통해 곧바로 빈곤에서 벗어날 수 있다고는 보지 않았습니다. 노동을 하면 생산량이 증대하고 그 생산량만큼 부유해질 거라는 식으로 보지는 않았다는 말입니다. 이때 노동은 경제적 처방이 아니라 윤리적 처방이었습니다. 생산을 늘리는 방법이 아니라 심성을 고치는 방법이었지요. "생산력"보다 "도덕적 매력"이 중요했습니다.[50] 구빈원 제안자들은 빈곤의 원인이 낡은 인습과 개인의 병든 심성에 있다고 보았으니까요.

구빈원은 산업자본주의의 초기 단계인 17~18세기에 노동윤리의 이상이 투여된 곳이었습니다. 노동을 통해 사람을 뜯어고치려 했던 강제수용소였지요. 어떻게 하면 치료 효과를 극대화할 수 있을 것인가. 마르크스는 다시 한 번 커닝엄의 말을 인용합니다. "이런 집은 '공포의 집'(House of Terror)이 되어야만 한다."[김, 374; 강, 389] 사람들을 벌벌 떨게 해야 한다는 겁니다. 커닝엄은 구빈원이 빈민들의 '피난처'가 되어서

는 안 된다고 했습니다.[김, 374, 각주 94; 강, 389, 각주 127]

도대체 얼마나 끔찍한 곳이면 '공포의 집'이라고 불렀을까요. 그런데 반전이 있습니다. 사람들의 심성을 뜯어고치겠다고 만들어놓은 18세기 '공포의 집'이 19세기 노동자들 편에서 보면 그다지 공포스럽지 않다는 겁니다.[51] 커닝엄이 그린 공포의 집에서는 하루 14시간 노동을 하는 걸로 되어 있는데, 여기에는 식사시간 2시간이 포함되어 있습니다. 실제 노동일은 12시간이었던 셈이죠. 19세기 노동자들로서는 이 정도의 노동일만 지켜져도 살 만했을 겁니다. 19세기 공장의 지옥 같은 현실은 18세기의 이상적 지옥을 이미 추월했거든요.

1833년, 그러니까 커닝엄이 '공포의 집'을 상상한 지 63년이 되던 해에 영국 의회는 4개의 공업부문에서 13~18세의 아이들만이라도 하루 12시간 이상은 일하지 못하게 하자는 제안을 했는데요. 그때 영국에서는 "영국 공업에 최후의 심판일이 닥친 것"처럼 난리법석이 났다고 합니다. 18세기의 '공포의 집'조차 아이들에게 허용하지 않으려 했던 거지요. 1852년 루이 보나파르트가 법정노동일을 뒤흔들 때 프랑스 노동자들이 제발 '12시간 노동일'만은 지켜달라고 절규했습니다. 1860년대에 스위스, 오스트리아 등은 청소년에 한해 노동을 12시간으로 단축하도록 규제했습니다. 정말로 대단한 진보지요? 지옥 말입니다. 불과 몇 십 년 만에 과거의 지옥이 천국으로 보일 정도로 공포의 집은 발전하고 말았습니다.[김, 375; 강, 390]

이것이 19세기 공장의 탄생입니다. 마르크스의 말을 그대로 인용하고 이 장을 마치겠습니다. "자본의 영혼(Kapital-seele)이 그저 꿈만 꾸었던 1770년의 빈민들을 위한 '공포의 집'이 불과 몇 년 뒤에 매뉴팩처 노동자들을 위한 거대한 '구빈원'(노동의 집, Arbeitshaus)으로 나타났다. 그것은 공장(Fabrik)이라고 일컬어진다. 그런데 이번에는 이상이 현실 앞에서 무색해지고 말았다."[김, 375; 강, 391]

5

시간을 둘러싼 전쟁

빈곤과 과로로 죽어가는 노동자들을 보며
엥겔스는 영국 사회가
'사회적 살인'을 저지르고 있다고 했습니다.
영국 사회는 "행위의 결과를 알고 있으면서도"
자본가들이 "노동자들의 생명력을 조금씩 갉아먹고
무덤에 묻힐 시간을 앞당기도록"
그대로 둔다는 점에서 살인을 저지르고 있다고요.
그러나 19세기 공장법의 역사는
살인의 역사, 학살의 역사이기만 한 게 아닙니다.
운동의 역사, 투쟁의 역사이기도 합니다.
노동자들은 그대로 당하고만 있지 않았습니다.
마르크스가 "본능적으로 생산관계 자체로부터
깨어난 노동운동"이라는 표현을 썼듯이
저항의 본능, 투쟁의 본능이라는 것도 있습니다.

얀 요세프 호레만스 엘더가 그린 『베니스의 상인』의 한 장면.
고리대금업자 샤일록이 손에 하얗게 빛나는 칼을 움켜쥐고 있다.
상인 안토니오는 샤일록에게 자신이 만약 빚을 갚지 못하면
'살덩어리'라도 잘라 주겠다고 문서로 약속했었다.
안토니오가 빚을 갚지 못하자 샤일록은 재판정에 가서 말한다.
"예, 가슴입니다. 증서에 분명히 그렇게 쓰여 있습니다."

외적 규제가 없는 한 잉여노동에 대한 자본가의 갈망은 멈추지 않는다고 했습니다. 18세기 후반까지 노동일은 계속 늘어났습니다. 마르크스는 노동일을 12시간까지 늘리는 데 "수 세기가 걸렸다"라고 했는데요.[김, 376; 강, 391] 이렇게 오랜 시간이 걸린 것은 자본가들 말마따나 심성 탓도 클 겁니다. 매일 12시간씩 평생을 일한다는 걸 근대 노동자계급의 선조들은 상상할 수도 없었을 테니까요.

한번 생각해보세요. 우리가 하루 중 깨어 있는 시간이 대략 16시간 정도 될 겁니다. 이 중 밥 먹고 쉬고 이동하는 시간이 있습니다. 그런 시간을 제외한다면 12시간은 유의미한 활동을 할 수 있는 시간 전부라고 해도 과언이 아닙니다. 생명체가 생애의 대부분을, 그것도 가장 생명력 넘치는 기간을 타인의 감독 아래 타인의 지시에 따라 타인의 부를 생산하기 위해 살아간다는 게 정상인가요. 과연 누구의 심성을 치료해야 하는 걸까요.

º 역사가 말해주는 것

노동일이 12시간까지 오는 데는 수 세기가 걸렸을지 몰라도 14시간, 16시간이 되는 것은 금방이었습니다. 앞서 언급한 것처럼 "1760년대 대공업이 등장한 이후부터 눈사태처럼 무제한적인 노동일 연장의 태풍이 몰아쳤"으니까요.[김, 376; 강, 391] 18세기 말과 19세기 초 사이에 노동일은 무섭게 늘어났습니다. 그야말로 노동에 대한 자본의 '무절제한 향연'(Orgien)이 벌어졌습니다.[김, 376; 강, 391]

그런데 자본의 폭주가 어떻게 진정된 걸까요. 폭주를 막아낸 것은 증명도, 설득도 아니었습니다. 결국 힘이었지요. 제1절에서 말한 것처럼 힘을 막는 힘이 나타난 겁니다. 노동자계급의 집단적 저항이 시작되면서 1833년 표준노동일이 제정되었습니다. 1833년의 공장법이 근대적 표준노동일의 시작입니다.[김, 377; 강, 392] 물론 말 그대로 이것은 시작입니다. 표준노동일은 제정과 동시에 힘겨루기의 대상이 되지요. 표준노동일 개정을 둘러싼 계급투쟁이 펼쳐진 겁니다. 마르크스는 법률의 문구들이 자본가계급과 노동자계급의 세력 관계에 따라 얼마나 요동쳤는지를 보여줍니다.

마르크스는 "1833~1864년의 영국 공장 입법의 역사만큼 자본의 정신을 더 잘 특징짓는 것은 없다"라고 했습니다.[김, 377; 강, 392] '역사'가 '자본의 정신'(Geist des Kapitals)을 보여준다는 말이 흥미롭습니다. '역사'를 '정신'(Geist)의 전개과정으로 본 헤겔을 흉내 낸 말 같습니다. 공장법의 역사 속에서 우리는 스스로를 펼쳐 보이는 '자본의 정신'을 볼 수 있습니다. 그런데 이것을 헤겔처럼 '이성으로서의 역사'라고 부를 수 있을지는 모르겠습니다. 오히려 우리가 목격하는 것은 광기라고 불러도 좋을 만큼 집요한 자본가의 의지와 욕망입니다. 가치증식을 위해 정말로 온갖 것을 고안하고 온갖 것을 문제 삼거든요. 이 집요한 의지와 욕망에 대해서는 따로 살펴보기로 하고요, 우선은 힘과 힘의 대결로서 표준노동일의 역사를 간단히 살펴보겠습니다.

먼저 1833년의 공장법을 볼까요. 이 법은 공장노동일을 아침 5시 반에서 저녁 8시 반까지로 규정했습니다. 무려 15시간입니다! 19세기 공장법은 과거와 달리 노동일 연장을 위한 법이 아니라 규제하기 위한 법이었음을 생각해야 합니다. 그러니 현실의 노동일이 얼마나 길었을지 짐작할 수 있을 겁니다. 식사시간 1시간 반을 제외해도 순전한 노동시간만 13시간 반입니다. 이 법에는 청소년과 아동의 노동에 대한 규제도 담겼는데요. 청소년(13~18세)은 12시간, 아동(9~13세)은 8시간 이상의 노동을 금지했습니다. 야간노동은 모두 금지했고요.[김, 377~378; 강, 392~393]

자본가들은 법 시행을 막고자 온갖 공작을 벌였습니다. 하지만 의회는 제정된 그대로 법을 발효했습니다. 어떻게 의회가 이런 일을 해낼 수 있었을까요. 의원들 중에 박애주의자가 많았기 때문일까요. 마르크스는 말합니다. "외부로부터의 압력" 때문이라고요. 의회가 용기를 내서 법을 시행한 게 아니라 "용기를 잃어서" 그런 것이라고요.[김, 380; 강, 395] 외부의 압력 때문에 감히 법률을 고치지 못했던 거죠.

1833년의 공장법 제정과 발효를 압박한 힘, 그것은 19세기 초 노동자들의 투쟁이었습니다. 이 투쟁은 1838년 '인민헌장'(People's Charter) 운동으로 발전했습니다. 대체로 인민헌장 운동은 보통선거권을 요구한 참정권 운동으로 알려져 있는데, 보통선거권이라고 하는 정치적 슬로건만 내걸었던 게 아닙니다. 경제적 슬로건도 있었지요. 바로 '10시간 노동제'입니다. 참정권 보장만큼이나 노동일 단축이 이 운동의 중요한 의제였던 겁니다.

'10시간 노동제'는 당시로서는 상당히 선진적인 요구였습니다. 지난 책에서 언급한 시니어 교수가 『공장법에 대한 편지』를 썼던 게 이 즈음입니다. 그는 '10시간 노동제'가 시행되면 자본주의의 종말이 온다고 입에 게거품을 물었죠(『생명을 짜 넣는 노동』, 169쪽). 그러나 다시 한 번 강조합니다만 중요한 것은 세력관계입니다. 당시 자본가들은 '곡물법 폐지' 문제로 지주들과 대립하고 있었고, 노동자들의 지지가 필요했기에 자본들은 '10시간 노동제'에 반대하지 않는다는 뜻을 피력했습니다. 즉각적으로는 아니지만 때가 오면 시행할 수 있을 거라고 했습니다("자유무역의 천년왕국"이 도래했을 때 말이지요).[김, 381; 강, 396] 정치경제학자들은 '10시간 노동제'와 더불어 종말이 닥친다는 게 과학적으로 입증된 것처럼 떠들었지만 자본가들은 천년왕국을 위해 정치적으로 타협하려 했습니다.

이런 흐름의 연장선상에서 1844년 공장법 개정이 이루어집니다. 노동자계급이 가진 힘과 노동자계급에 유리했던 정세 덕분에 노동자들의 권익을 보호하는 조항들이 개정된 법령에 담겼습니다. 무엇보다 1844년 공장법에서는 여성의 노동을 법의 보호 대상으로 규정했습니다. 청소년과 마찬가지로 12시간 이상의 노동과 야간노동을 금지했지요. 13세

이하의 아동노동도 6시간 반으로 줄였습니다. 아동과 청소년, 여성의 노동에 대한 법적 보호는 성인 노동자의 노동일에도 긍정적 영향을 미쳤습니다. 성인 남성 노동자들이 수행하는 작업들 대부분이 이들의 협력을 필요로 했기 때문입니다. 그래서 1844년 공장법의 적용을 받는 모든 산업부문에서는 성인 남성의 노동일도 사실상 12시간이 되었습니다.[김, 383; 강, 398]

공장법의 역사는 무엇을 말해주는가. 마르크스는 그것이 이성의 역사, 증명의 역사, 설득의 역사가 아니라는 것을 보여줍니다. 그것은 계급투쟁의 역사입니다. 노동일을 둘러싼 조항들과 세칙들이 제안되고 "그것들이 하나의 기준으로 만들어져 공인된 후 국가에 의해 공포된 것은 오랜 기간에 걸친 계급투쟁의 결과"였습니다.[김, 383; 강, 398]

1847년에 공장법은 또 개정됩니다. 이 법은 표준노동일의 역사에서 획기적 진전을 이루었는데요. 바로 '10시간 노동제'가 입법화된 겁니다. 1838년 인민헌장 운동에서 이 요구가 나온 지 10년 만이었습니다. 로마인들은 '힘'(덕성, virtus)과 '때'(운명, fortuna)를 중시했다고 하는데요. 인간인 이상 우리는 운명의 힘에서 벗어날 수 없습니다. 그러나 덕성을 기르면, 다시 말해 힘을 기르면 그만큼 운명의 노예 노릇을 덜 할 수 있지요. 1847년의 공장법은 '힘'과 '정세'가 맞물리면서 가능했습니다.

도대체 무슨 일이 있었는가. '1846~1847년'을 마르크스는 "영국 경제사의 시대적 전환점"이라 부르는데요. 마침내 곡물법이 폐지되고 면화 등 원료에 대한 수입관세가 철폐되었으며, 자유무역이 입법의 기본 지침으로 선포되었습니다. 요컨대 자본가들의 "천년왕국"이 시작되었던 것이죠. 그런데 이 "천년왕국"의 도래 과정에서 짧게나마 지옥의 쓴맛을 본 세력이 있으니 바로 지주들입니다. 당시 토리당(Tory Party)은 지주 세력을 대변하는 정당이었는데요. 이들이 '10시간 노동제'를 발의해 통과시켜버렸습니다. 자본가계급에 대한 지주계급의 복수였죠.[김, 384; 강, 398] 역사적 사건이란 이처럼 사적이고 우발적인 일들이 세력관계와 맞물려 일어납니다.

이렇게 해서 '10시간 노동제'를 골자로 하는 1847년 공장법이 만들어졌습니다. 이 법은 다음해 5월부터 시행되게 되어 있었죠. 당연히 법의 시행을 막기 위한 자본가들의 필사적 노력이 있었습니다. 때마침 공황이 닥쳐 임금이 깎이고 일자리가 없어졌기 때문에 노동자들로서는 장시간 노동이라도 원할 수밖에 없는 상황이었습니다. 자본가들은 이 기회를 활용해 법률을 폐지시키려고 했습니다. 노동자들을 매수하고 협박해 의회에 거짓 청원을 넣게 하고 신문이나 의회를 통해 노동자를 위한 제도가 오히려 노동자에게 독이 되고 있다는 식의 말을 퍼뜨렸습니다. 하지만 노동자들은 이 공격을 버텨냈습니다. 특히 양심적인 공장감독관, 이를테면 "노동자계급을 위한 불멸의 공적을 세운" 레너드 호너 같은 이들이 자본가들의 술책을 폭로하고 부정을 고발했지요.[김, 385~386; 강,

399~400]

　다시 한 번 말하지만, 문제는 세력관계입니다. 1848년 5월 1일부터 '10시간 노동제'가 시행되었지만 정세가 변했습니다. 1848년은 혁명의 해였습니다. 정확히 말하면 혁명이 패배한 해였죠. 사람들, 특히 적대 관계에 있는 사람들은 서로의 힘 관계를 포착하는 예민한 저울을 가지고 있습니다. 상대방의 힘이 떨어지면 금세 알아채죠. 1848년 혁명은 지배계급의 모든 분파들을 "재산, 종교, 가족, 사회를 구출하자는 공동의 구호 아래 뭉치게" 했습니다. 노동자계급은 곳곳에서 밀려났습니다. 힘의 저울이 기울자 공장주들은 1847년 공장법은 물론이고, 1844년과 1833년의 공장법까지 "모든 법령들에 대해 공개적 반란"을 일으켰지요.[김, 387; 강, 401]

　자본가계급은 표준노동일을 규정하는 법률 문구를 없애는 데까지는 성공하지 못했습니다. 하지만 문구의 빈틈을 찾고 다른 해석의 가능성을 모색하고 그것도 안 되면 관행과 상황을 내세워 법률을 무력화했습니다. 성인 노동자의 야간노동에 대한 별도 규정이 없는 점을 이용해 야간노동을 부활시켰고 미성년자와 여성의 노동을 편법적으로 이용할 방안을 찾았습니다. 심지어는 법률을 위반하고 벌금을 내겠다며 공공연하게 선포하기도 했습니다. 정부에 압력을 넣어 공장감독관들의 고발을 무력화하기도 했고요.

　사법 당국도 자본가 편에 섰습니다. 영국의 4대 최고재판소 가운데 하나인 '재정법원'(Court of Exchequer)은 1844년 공장법을 위반한 공장주들의 죄를 물을 수 없다고 판결했습니다. 법의 취지에 비추어 볼 때 위법이기는 하지만 법조문 자체에 그 취지를 무색케 하는 문구가 들어 있다는 이유였습니다. 이 알쏭달쏭한 판결로 '10시간 노동제'는 실질적 효력을 잃었습니다.[김, 396; 강, 410]

1833년, 1844년, 1847년. 표준노동일이 제정되고 노동자를 보호하는 법조문이 만들어지고 그것이 발효되는 것 그리고 다시 무력화되는 것. 공장법의 역사는 무엇을 말하고 있는가. 마르크스는 제1절에서 "힘이 사태를 결정한다"라고 이미 쓴 바 있습니다. 나는 마르크스가 공장법의 역사에 대해 상세하게, 심지어 어떤 것에 대해서는 시시콜콜하게 써놓은 것을 여기에 대강만 옮겼습니다. 그런데 본문을 꼼꼼히 읽어보면 우리는 제1절의 저 문장이 그저 냉철한 인식에서 나온 것만은 아님을 느낄 수 있습니다. 그것은 처절한 경험에서 나온 것이기도 합니다.

◦ 내전 속에서 한 발짝 한 발짝

1848년 5월부터 발효된 '10시간 노동제'가 현실적으로 무화된 것은 법조문에서 오류가 발견되었기 때문이 아닙니다. 자본가계급이 발견한 것은 노동자계급의 세력 약화죠. 한마디로 1848년 혁명의 패배가 '10시간 노동제'의 효력을 없애버렸습니다.

그러나 1848년 혁명의 패배가 역사의 끝은 아닙니다.

1848년의 패배 이후 프랑스에서 일어난 일을 기록한 『루이 보나파르트의 브뤼메르 18일』에서 마르크스는 19세기 프롤레타리아혁명을 18세기 부르주아혁명과 대비했는데요. 이 내용은 영국 노동운동의 역사에도 상당 부분 적용할 수 있습니다. 마르크스에 따르면 "부르주아혁명들 즉 18세기 혁명들은 승리에 승리를 거듭하며 맹렬히 돌진"했습니다. 그래서 근대의 혁명사란 부르주아 승리의 역사입니다. 그런데 "프롤레타리아혁명들 즉 19세기 혁명들"은 "진행 도중에 끊임없이 걸음을 멈추며, 완수된 것처럼 보이는 것으로 되돌아와 다시 새로이 시작"합니다.[52]

부르주아혁명사는 주인공이 자신을 화려하게 내세운 역사입니다. 그러나 화려한 불꽃처럼 수명이 짧습니다. 스펙터클을 통해 사람들의 정신을 쏙 빼놓는 역사입니다. 반면 프롤레타리아혁명사는 주인공이 패배하고 뒷걸음질 치는 역사입니다. 불완전함과 허약함을 드러내는 역사이지요. 한참 나가다 멈추고, 완성이 된 줄 알았는데 어느새 처음으로 되돌아가 있는 역사입니다. 그런데 마르크스는 이것이 프롤레타리아혁명의 위대함이라고 생각했습니다. 패배함으로써 배우고 주춤주춤 물러서면서 도약을 위한 도움닫기의 거리를 확보해간다는 거죠. 스펙터클은 없습니다. 처음으로 돌아가서 다시 고쳐 걷는 것뿐입니다. 그런데 그렇게 단련된 걸음걸음이 매번 더 단단해집니다. 그러다 보면 언젠가 "어떤 반전도 있을 수 없는 상황", 다시는 돌아가지 않는 상황이 만들어집니다.[53]

다시 영국의 공장법 이야기로 돌아가볼까요. 1848년 혁명은 패배했지만 노동자들은 재반격에 나섰습니다. 생명에 대한 노동자의 절실함이 이윤에 대한 자본가의 열망에 뒤지는 건 아니니까요. 어떻게든 살아야 하고 그러려면 10시간 노동제를 지켜내야 했습니다. 사법부의 판결에 항의하는 노동자들의 공격적 집회가 일어났습니다. 마르크스에 따르면 당시 "공장감독관들은 계급 간의 적대감이 믿을 수 없을 정도로 고조되고 있다고 정부에 강력하게 경고"했습니다. 일부 공장주들도 지역마다 다른 판결에 항의했습니다. 지역별로 상반된 판결이 내려지면서 자본가들 사이의 평등 문제가 제기되었거든요.[김, 397; 강, 410~411]

결국 1850년에 공장법은 다시 개정되었습니다. "공장주와 노동자 사이의 타협"이 이루어졌지요. 법조문에 대한 효력도 재확인되었습니다. 아동노동에 대해서는 1844년 공장법의 유효성을 재확인했고, 여성과 청소년에 대해서도 아침 6시 이전이나 저녁 6시 이후에는 아예 일을 시킬 수 없게 했습니다. 공장법이 적용되는 산업부문도 일부 예외를 빼고 전체 산업 부문으로 확대되었습니다. 표준노동일이 제정된 것으로 따지면 20년이 지났고 최초의 공장법 제정을 기준으로 하면 반세기가 지난 후입니다. 가다가 멈추고 옆길로 빠지고 처음으로 돌아가기를 반복했지만 결국 "모든 노동자의 노동일"에 대한 법적 규제장치가 마련된 겁니다.

말은 이렇게 했지만 현실적으로는 공장법을 지키지 않

는 사례들이 아주 많았을 겁니다. 지금도 그런 판에 19세기에는 더했겠지요. 그럼에도 마르크스는 역사가 어떤 불회귀점을 지났다고 봅니다. 『자본』을 집필하던 시점에서 지난 30여 년을 돌아보며 마르크스는 자랑스럽게 적었습니다. 이 기나긴 전진과 후퇴, 중단, 회귀로 점철된 길이 사실은 승리의 길이었다고 말입니다. 노동자계급의 지난 투쟁을 자랑스러워하는 마음이 가득한 글인지라 좀 길지만 인용해보겠습니다.

"그럼에도 근대적 생산양식의 가장 독특한 피조물인 대공업 부문에서 원칙은 이미 승리를 거두었다. 1853~1860년까지 대공업의 놀라운 발전은 공장노동자들의 신체적·정신적 재탄생과 나란히 진행되었는데 이는 아무리 눈이 어두운 사람에게도 선명한 것이었다. 반세기 동안의 내전을 통해 노동일에 대한 법적 제한과 규제를 한 발짝 한 발짝씩 마지못해 받아들여야 했던 공장주들 자신이 아직도 '자유로운' 착취가 남아 있는 부문들[의 자본가들]과 비교하면서 자신들을 과시하기까지 이르렀다. '정치경제학'의 바리새인들은 이제 노동일에 대한 법적 규제의 불가피성을 통찰하는 것이 그들 '과학'의 특징적 성과라고 선언했다. 사람들은 이제 쉽게 알 수 있을 것이다. 대공장주들이 운명에 순응하고 타협한 이후 자본의 저항력은 점차 쇠약해지는 반면 그와 동시에 노동자계급의 공격력은, 직접적 이해관계가 없는 사회계층 중에서 노동자계급에 연대하는 사람들이 늘어가는 것과 함께, 커지고 있다는 걸 말이다. 이렇게 해서 1860년 이래로 급속한 진보가

이루어졌다."[김, 402; 강, 415]

노동자계급에 대한 희망과 응원을 섞은 문장들이기는 하지만 표준노동일에 관한 한 부인할 수 없는 사실이지요. 자본가들이 '한 발짝 한 발짝' 물러난 길은 노동자들이 '한 발짝 한 발짝' 전진해간 길입니다. 이 과정에서 자본가만 물러난 것은 아닙니다. 정치경제학자들 또한 노동일을 마구 늘리는 것은 좋지 않다는 주장을 펴기 시작했죠. 노동자들이 전진한 만큼 세상이 변한 겁니다.

물론 이제는 그렇게 노동일을 연장하지 않아도 되니까, 어떤 점에서는 자본가들이 기술혁신을 통한 생산성 향상이 중요하다는 걸 알게 됐으니까 노동일을 단축해준 것이라고 말하는 사람들도 있을 겁니다. 하지만 나는, 그리고 내가 읽은 마르크스는 그렇게 보지 않습니다. 노동일을 쉽게 늘릴 수 있는데도 자본가가 줄여주는 일은 좀처럼 일어나지 않습니다. 기계를 도입했다가도 값싼 인력을 오래 부릴 수 있는 여건이 마련되면 자본은 언제든 반대 방향을 택하기도 합니다(이에 대해서는 '기계와 대공업'을 다루는 장에서 이야기하겠습니다). 자본가가 창조적 혁신을 통해 노동일을 줄여준 게 아니라 노동자의 투쟁이 자본가로 하여금 노동일을 늘리지 않고도 잉여가치를 늘릴 길을 찾는 방향으로 몰아갔다고 말하는 편이 마르크스의 생각에 가까울 겁니다.

표준노동일 제정과 관련해 지난 역사적 사실들은 무엇을 말해주는가. 마르크스는 다음 두 가지 결론을 얻을 수 있다고 말합니다. 첫째, 노동일의 무제한적이고 무자비한 연장은 자본주의의 혁명적 발전이 시작된 곳, 기계제 대공업이 시작된 곳에서 먼저 일어났습니다. 그다음 그에 대한 반작용으로 노동일에 대한 사회적 통제가 나타나 법적 규제가 이루어졌습니다. 처음에는 일부분에서 그리고 점차 전체로 규제가 확대되었죠.[김, 405~406; 강, 418] 이것은 노동일 확장이 자본에 내재한 기본 충동이고 이는 사회적 통제를 통해서만 제어된다는 것을 말해줍니다.

둘째, 역사는 표준노동일 제정이 '자본가계급'과 '노동자계급'의 은폐된 '내전'의 산물임을 보여줍니다. 우리 눈에 나타난 것은 법조문을 만들고 바꾸는 일이지만 그 밑에는 힘 대 힘, 즉 계급투쟁이 있었다는 거죠.[김, 406~407; 강, 419] 노동자들의 집합적 힘이 약할 때는 노동일이 한없이 늘어나고 힘이 강할 때는 크게 줄어듭니다.

° 노동일 단축과 자유시간

마르크스는 도래하는 시대의 징후를 포착하면서 노동일에 관한 장의 마지막 절을 썼습니다. 그는 표준노동일 제정을 위한 영국 노동자들의 투쟁이 유럽 대륙 특히 프랑스로 퍼져나가고 있다고 말합니다. 프랑스는 영국보다 늦게 출발했지만 영국보다 큰 보폭으로 걸어나갔습니다. 영국에서 부문별로 조금씩 확대해간 규정들을 프랑스는 원칙적으로 그리고 일괄적으로 적용한 거죠.[김, 408; 강, 420]

미국은 한발 더 나아갔습니다. 마르크스는 미국의 노동운동이 "축지법을 쓰는(Siebenmeilenstiefeln) 기관차"를 탄 것 같다고 말합니다. 노동일 단축을 요구하는 유럽 노동자들의 목소리를 대서양에서 태평양 연안까지 곧바로 전달했으니까요. 게다가 그들은 더 강한 기치를 내걸었습니다. '8시간 노동제'를 요구했으니까요.[김, 409; 강, 421]

이렇게 해서 '8시간 노동제'까지 온 겁니다. 오늘날 우리 사회의 법정근로시간이죠. 물론『자본』출간 당시에는 이것이 유럽과 북미 노동자들의 목표였습니다. 미래의 이야기였지요. 그러나 미래는 현재의 요구 속에서 고개를 내미는 법이죠. 1866년,『자본』이 출간되기 1년 전 '국제노동자협회'(제1인터내셔널)는 제네바 대회에서 '8시간 노동제'를 결의했습니다. 마르크스는 이 결의안이 런던의 총무위원회 제안을 따른 것이라고 밝혔는데요.[김, 409; 강, 421] 실상은 마르크스 자신이 제안한 겁니다. 노동일 단축을 위해 더 싸워야 한다면서요.

노동일을 어디까지 줄여야 하는 걸까요. 사실 이 질문은 우스꽝스럽습니다. 이는 당신이 타인에게 예속되는 시간을 얼마만큼 줄여야 하느냐고 묻는 것과 같으니까요. 답변은 '최대한'입니다. 자본가에게 얼마만큼의 잉여노동을 원하느냐고 물었을 때와 같지요. 다만 방향이 반대입니다. 노동일은 필요노동과 잉여노동으로 구성된다고 했는데요. 자본가는 잉여노동을 최대한 늘리려 하고 노동자는 그것을 최대한 줄이려 하겠죠. 예속의 시간, 노예의 시간을 줄이는 만큼 자유의 시간,

주인의 시간이 늘어나니까요.

깨어 있는 시간 중 얼마만큼이 나의 시간인가. 마르크스는 한 공장감독관의 말을 인용하며 말했습니다. 노동일을 제한하지 않고는 사회개혁을 향해 한 발짝도 나아갈 수 없다고요.[김, 410; 강, 422] 노동일 단축은 사회개혁의 첫 걸음, 아니 사회개혁보다도 우선해서 필요한 것입니다. 첫걸음을 떼려면 먼저 일어설 수 있어야 하니까요. 타인에게 예속되지 않은 자유시간이 없다면 개혁도 혁명도 해방도 불가능합니다. 자유시간은 일종의 예비조건입니다. 사람들이 자신의 시간을 갖지 못한 곳에서, 다시 말해 자신의 삶을 구상하고 시도할 자유를 갖지 못한 곳에서 어떻게 사회개혁이나 해방이 가능하겠습니까.

노동일 단축 투쟁이 단순한 권리 투쟁이 아닌 이유가 여기 있습니다. 이러저러한 권리를 요구하기 전에 그 권리를 떠올릴 수 있고 논의할 수 있고 시도할 수 있는 시간을 확보해야 합니다. 자유를 위해 싸울 수 있기 위해서는 먼저 자유인이어야 하고 그러려면 자유인으로 보내는 시간이 있어야 합니다.

◦ 이것이 자본주의이며, 이것이 자본주의 정신이다

마르크스는 영국 공장법의 역사만큼 '자본의 정신'을 잘 특징 짓는 것은 없다고 했지요. 자본의 운동을 규명하는 이론적 저작에서 역사를 소개하는 이유는 역사를 이해하기 위해서가 아니라 자본을 이해하기 위해서죠. 공장법의 역사는 우리에게 자본이 어떤 것인지를 알려주는 데 유용합니다. 실제로 마르크스는 '자본의 정신'을 잘 보여주는 장면들을 중심으로 공장법의 역사를 정리했습니다.

그런데 그는 '자본의 정신'이라는 표현을 썼어요. 여기서 말하는 '정신'은 의식이나 인식보다는 의지나 욕망, 충동에 가까운 말입니다. 앞서 잉여노동에 대한 자본가의 갈망, 노동일 연장에 대한 자본가의 충동이란 자본의 가치증식운동이 인격적으로 표현된 것이라고 했는데, 이런 것들은 과학적 인식 이전의 문제입니다. 플라톤 철학을 예로 들어 말하자면, "그의 이데아론이 옳은가"와는 별개로 "무엇이 그를 이데아론으로 내몰았는가"라는 문제가 있지요(『다시 자본을 읽자』, 73쪽). 니체는 모든 철학이란 그 창시자의 '자기고백'이며, "자기도 모른 채 쓰인 일종의 회고록"이라고 했습니다.[54] 한 철학자를 읽는다는 것은 그 자신도 모르는 채 드러나 있는 자기고백을 읽어내는 겁니다. 그를 몰아대는 의지 말입니다.

영국 공장법의 역사에서 '자본의 정신'을 읽는 일도 마찬가지입니다. 역사 속에서 자본의 의지가 고집스럽게, 억지를 부리며 등장하는 때가 있습니다. 법과 논리의 가면을 썼는데도 뭔가가 삐져나옵니다. 자기고백이 이루어지는 순간이죠. 자본을 읽는다는 것, 그 정체를 폭로한다는 것은 이 순간을 붙잡는 겁니다.

이를테면 이런 순간들입니다. 마르크스는 1833년 이래 공장법의 역사를 개괄하는 첫 단락에서 말했습니다. "옛날 법령에서는 아주 단순했던 낮과 밤의 개념조차 너무 불분명해져 영국의 한 재판관은 1860년에 낮과 밤이 무엇인지를 '판결효력'을 갖도록 설명하기 위해 유대 율법의 해설자와 같은 기지를 발휘해야만 했다."[김, 376; 강, 391] 1860년에 열린 어느 재판 이야기를 한 것인데요. 사실 1833년에도, 1844년에도 낮과 밤의 의미는 공장법의 중요한 논란거리였습니다. 노동일을 언제부터 언제까지로 정할지, 특히 야간노동을 금지한다고 할 때 그것이 몇 시 이후의 노동을 금지하는 것인지가 거기 달려 있었으니까요.

엥겔스에 따르면 1844년 공장법에서 '밤'은 저녁 6시부터 아침 6시까지를 의미하는 것으로 결정되었습니다. 의회에서 불과 9표 차로 그렇게 결정되었지요.[55] 1844년 공장법은 여성과 청소년의 야간노동을 금지했는데요. 밤의 길이가 12시간으로 확정되었기에 야간노동 금지는 자연스레 여성과 청소년의 12시간 이상 노동을 금지하는 효과를 냈습니다. 그런데 결정이 되고 난 뒤로도 과정이 순탄치만은 않았습니다. 이 결정에 반발해 내각은 사임 의사를 밝혔고 공장주들은 영국 제품의 경쟁력 상실을 내세우며 반발했습니다. 저녁은 해가 지는 6시에 시작되고 아침은 해가 뜨는 6시에 시작된다는 것, 이 단순한 사실을 납득시키기가 그리도 어려웠던 겁니다. 바로 이런 게 자본주의입니다. 여기가 자본의 정신이 드러나는 곳이죠.

낮과 밤의 길이 논쟁보다 더 괴이하고 비정한 논쟁도 있는데요. 아동기의 길이를 둘러싼 논쟁입니다. 자본의 천문학이 해가 일찍 뜨고 늦게 진다고 주장했다면, 자본의 인류학은 아이들이 더 일찍 어른이 된다고 주장했습니다. 1833년 공장법은 아이들(9~13세)의 하루 노동이 8시간을 넘지 못하게 했는데요. 법의 시행을 앞두고 자본가들은 13세의 아이는 더는 아이가 아니라고 주장했습니다.

사실 마르크스도 이 법에 분개했습니다. 물론 이유는 자본가들과 반대였지요. 이 법은 8시간 이상 노동 금지를 9세와 10세의 아이들에 대해서만 곧바로 시행하고, 11세부터 13세까지는 1년씩 시차를 두어 시행한다고 했거든요. 11세에서 13세라고 해봐야 어린아이들인데요. 당시 13세 아이들은 주당 72시간 노동을 하고 있었습니다. 그런데 소위 '개혁 의회'가 아이들에게 이런 살인적 노동일을 3년 더 허용한다는 게 마르크스로서는 믿기지 않았던 겁니다.[김, 379; 강, 394]

그런데도 자본가들은 "뉘우치기는커녕" 13세 아이들을 '아동'의 범주에서 빼자고 주장했습니다. 그 정도가 아니었죠. "아동기는 10세, 더 길게 잡아도 11세면 끝난다"라고 했어요.[김, 379; 강, 394] 자본가들은 정부에 압력을 가했고 결국 아동의 공식 연령을 12세로 내리는 데 성공했습니다. 1835년부터 13세 아이들이 자본가들의 해석에 따라 갑자기 성숙해버린 거죠. 그나마 다행인 것은 이런 해석이 13세 아이의 하루 노동시간은 8시간을 넘을 수 없다는 법조문까지 바꾸지는 못했다는 겁니다. 앞서 말한 것처럼 법을 그대로 시행하라는 사회적 압력이 가해진 덕분에요.

그러나 자본가들이 쉽사리 물러났던 것은 아닙니다. 그들은 아동기에 대한 학설을 포기하지 않았습니다. 1844년 공장법의 시행 과정에서 그들은 공격의 방향을 '13세'에서 '9세' 쪽으로 돌립니다. 아동노동을 채굴하다가 한쪽이 막히자 다른 쪽을 판 겁니다. 당시 「공장감독관 보고서」에 따르면 자본가들은 노동일 단축으로 인한 아동노동의 감소를 노동 가능한 아동의 수를 늘리는 식으로 대응했습니다.[김, 384, 각주 107; 강, 398, 각주 141] 그래서 노동 가능한 아동의 최저 나이를 8세로 끌어내렸지요. 13세 아이의 성숙을 주장하던 자본의 인류학이 이번에는 8세 아이의 성숙을 관철한 겁니다. 덕분에 8세 아이는 합법적 노동자 신분을 얻게 되었습니다. 다시 한 번 말해야겠습니다. 이것이 자본주의입니다. 이것이 자본의 정신입니다.

1847년 공장법에서 '10시간 노동제'가 채택되었을 때도 마찬가지입니다. 이 법은 1848년 5월부터 시행될 예정이었는데요. 시행을 앞두고 일부 공장주들은 믿기지 않는 주장을 폅니다. 이번에는 식사시간이 문제였습니다. 밤은 언제 시작되는가, 아이는 언제 어른이 되는가 하는 문제만큼이나 점심을 언제 먹어야 하는가가 논란이 되었습니다. 점심시간은 언제인가. 공장주들은 노동자들에게 1시간 반의 식사 및 휴식 시간을 제공해야 했는데 '10시간의 작업시간 중'에 그것을 제공해야 한다는 규정은 없다고 주장했습니다. 아침 9시부터 저녁 7시까지 10시간을 일한다면 식사는 아침 9시 이전이나 저녁 7시 이후에 해도 된다는 거였죠. 공장주들은 "노동자들이 아침 9시 이전에 점심을 먹어서는 안 되는 이유가 도대체 무엇이냐고 반문"했습니다. 결국 판사가 재판을 통해 그러면 안 된다는 것을 알려주어야 했죠. 식사 및 휴식 시간은 노동일 중간에 주어져야 한다고요.[김, 389; 강, 403] 바로 여기입니다. 점심은 점심시간에 먹는다는 것, 점심시간은 정오 근처라는 걸 굳이 알려주어야 하는 것 말입니다. 규정에 허점이 있으면 이런 것도 문제 삼으니까요. 이것이 자본주의입니다. 이것이 자본의 정신입니다.

니체는 "눈에는 영혼이 담겨" 있다고 했어요.[56] 눈이 어디로 가는지, 눈을 어떻게 뜨는지 보면 그 사람의 마음을 알 수 있다는 겁니다. 눈동자와 눈 근육을 움직이는 방식은 그 사람이 무엇을 위해 눈을 가장 많이 사용하는지를 보여줍니다. 눈이란 자기도 모르게 습관적으로 돌아가지요. 이것은 자본의 눈, 자본가의 눈에도 해당하는 말입니다. 마르크스는 '자본의 교활한 눈'(Luchsauge des Kapitals)이라는 표현을 썼는데요.[김, 390; 강, 404] 살쾡이(Luch)처럼 본다는 뜻입니다. 상대방의 빈틈과 곤란을 기막히게 잘 찾아내죠(참고로 니체 역시 '살쾡이 눈'을 상업사회의 도덕이 요구하는 시선이라고 말한 바 있습니다).[57]

1844년의 공장법에서는 노동자들이 오전에 일을 시작하면 5시간이 되기 전에 반드시 30분 휴식을 제공하도록 했는데요. 자본가들은 이 공장법이 오후 노동에 대해서는 아무런 언급을 하지 않았다는 것을 발견했습니다. 당시 법은 8~13세 아이들이 오전에 일했으면 오후에 일을 시킬 수 없고 전체 노동시간으로 따져도 하루 6시간 반 이상을 일할 수 없게 했는데요. 아이들이 6시간 반은 일할 수 있다는 것, 오후의 연속노동에 대한 규정은 없다는 것, 바로 그 점이 자본가의 눈에 띈 겁니다. 그래서 이들은 아이들에게 오후에만 6시간 반 동안 연속으로 일하게 했습니다. 상식적으로 5시간 연속노동을 금지한 이유를 모르지 않을 텐데 거기 '오후'라는 말은 없다고 우긴 겁니다. 법조문 그대로 하라는 거죠. "예, 가슴입니다. 증서에 분명히 그렇게 쓰여 있습니다." 『베니스의 상인』에서 샤일록이 한 말이죠. 상식을 넘어 규정상의 허점을 찾아내는 눈, 이것이 자본주의입니다. 이것이 자본의 정신입니다.

   눈이 가는 곳에 마음이 있고 마음이 가는 곳에서 머리도 잘 돌아가는 법이죠. 아동을 6시간 반 이상 쓸 수 없고 청소년과 여성을 10시간 이상 사용할 수 없게 되자 자본가들은 머리를 굴립니다. 공장감독관의 감시를 피하기 위해 자본가들은 일종의 '카드 섞기'를 시도합니다. 노동자들을 카드처럼 섞어 시간과 장소를 옮겨 가며 일하게 하는 겁니다. 한 인물이 여러 배역을 맡는 연극처럼 말이에요. "그런데 연극이 상연되는 전체 시간 동안에는 [어떤 배역을 맡든] 배우가 무대에 붙잡혀 있는 것과 마찬가지로, 노동자들은 공장을 오가는 시간을 뺀 나머지 15시간 동안 공장에 붙잡혀 있게 된다."[김, 395; 강, 409]

얼마나 기막히게 노동자들을 섞어 쓰는지 공장감독관이 위반 사례를 찾아내기가 너무 어렵습니다. 바로 그 천재성, 이것이 자본주의입니다. 이것이 자본의 정신입니다.

이제 그만 이야기해도 되겠지요? 더는 사례를 열거할 필요가 없을 겁니다. 이 정도면 자본의 정신, 자본의 의지를 충분히 읽을 수 있습니다. 마르크스는 1847년 '10시간 노동제'를 둘러싼 논쟁을 보며 엥겔스가 썼던 표현이 마음에 와 닿았나 봅니다.[58] 엥겔스의 문구를 빌려 이렇게 썼습니다. 이 "흡혈귀는 '아직 한 조각의 근육, 한 가닥의 힘줄, 한 방울의 피라도 남아 있는 한' 결코 그[노동자]를 놓아주지 않을 것"이다. [김, 411; 강, 422] 이것이 자본주의이고, 이것이 자본의 정신입니다.

○ 노동자 곁에 있는 노동자

엥겔스는 빈곤과 과로로 죽어가는 노동자들을 보며 영국 사회가 '사회적 살인'을 저지르고 있다고 했습니다. 비록 "아무도 살인자를 볼 수 없는 데다 작위보다 부작위에 가까운 범행이지만" 영국 사회는 "행위의 결과를 알고 있으면서도" 자본가들이 "노동자들의 생명력을 조금씩 갉아먹고 무덤에 묻힐 시간을 앞당기도록" 그대로 둔다는 점에서 살인을 저지르고 있다고요.[59] 그러나 19세기 공장법의 역사는 살인의 역사, 학살의 역사이기만 한 게 아닙니다. 운동의 역사, 투쟁의 역사이기도 합니다. 노동자들은 그대로 당하고만 있지 않았습니다.

마르크스는 "본능적으로(instinktiv) 생산관계 자체로부터 깨어난(erwachsne) 노동운동"이라는 표현을 썼는데요.[김, 410; 강, 421~422] 자본의 정신, 자본의 충동만 있는 게 아니라 저항의 본능, 투쟁의 본능이라는 것도 있습니다. 이 역시 '자본의 정신'만큼이나 인식 이전에 생겨나는 겁니다. 앞서 언급한 대로 노동일 연장에 대한 자본의 충동이 과학적 인식을 통해 생겨난 것이 아니듯, 노동자들의 투쟁 역시 과학적 인식을 통해 시작된 게 아닙니다. 이는 모두 과학 이전의 영역입니다. 과학적 해명 이전에 본능적 눈뜸 즉 각성이 있는 것이지요.

노동일에 관한 장의 마지막 단락에서 마르크스는 의미심장한 말을 합니다. "우리는 우리의 노동자가 생산과정에 들어갈 때와 다른 모습으로 나온다는 것을 인정해야만 한다."[김, 410; 강, 422] 공장에서 나올 때의 노동자 모습이 공장에 들어갈 때와는 달라졌다는 겁니다. 이 말은 무슨 뜻일까요.

생산과정에 들어가기 전 노동자는 자본가와 대등한 존재였습니다. 노동자와 자본가는 시장에서 상품소유자로서 대등합니다. 여기는 자유와 평등, 소유, 벤담의 영역입니다. 고용계약서상 둘은 자유롭고 평등한 거래를 합니다. 그런데 공장을 다녀온 노동자는 이 거래가 결코 자유로운 거래가 아니었음을 깨닫습니다. 자유는 계약서상의 문구에 불과했고 실제로 자신에게는 처음부터 자유가 없었다는 걸 알게 되지요.[김, 410~411; 강, 422]

자본가와 노동자는 대등하고 자유로운 존재라고 했는데,

사실 그건 자본가의 술책이었던 겁니다. 둘은 대등하기 때문에 노동력 판매와 관련해 국가가 노동자들에게 별도의 보호책을 제공할 필요는 없다는 식이었지요.[김, 411, 각주 164; 강, 422, 각주 198] 우리의 노동자들은 공장을 다녀오고 나서야 알게 됩니다. 노동력을 가졌다는 것, 일할 몸뚱이를 가졌다는 것은 사실상 아무것도 갖지 않았다는 뜻임. 그는 무언가를 가졌기에 그걸 팔기 위해 나온 게 아니라 아무것도 갖지 못했기에 몸뚱이를 내놓은 겁니다. 그들은 재산의 소유자가 아니라 무산자인 거죠. 그게 아니라면 흡혈귀가 사는 그 끔찍한 공포의 집, 곧 공장으로 다시 들어갈 이유가 없을 겁니다. 자유롭다면 거기를 또 가지는 않겠지요. 한번 붙잡으면 '한 방울의 피라도 남아 있는 한' 결코 자신들을 놓아주지 않는 흡혈귀에게 말입니다. 그런데 노동자들은 이 노동지옥으로 내일도 모레도 올 수밖에 없다는 걸 압니다. 지옥이라는 걸 알면서도 들여보내달라고 간청하며 필사적으로 노력합니다. 심지어 어린 자식들까지 거기로 밀어 넣지요.

그러나 공장을 다녀온 노동자의 표정이 반드시 어두울 거라고만 생각할 필요는 없습니다. 특히 마르크스가 공장법의 역사를 기술하고 나서 저 문장을 썼다는 점을 고려할 필요가 있습니다. 들어갈 때와 다른 모습으로 나온다. 나는 이것을 더 긍정적으로, 더 적극적으로 읽고 싶습니다.

사실 노동자의 표정이 어두웠던 것은 공장에 들어갈 때였습니다. 『자본』 제4장의 마지막 문장을 기억할 겁니다. 가

죽을 판 뒤 무두질만을 기다리는 사람처럼 주춤주춤 걸어 들어가던 노동자. 그가 그늘진 얼굴로 주춤주춤 걸어 들어갔던 것은 앞으로 일어날 폭력에 대한 예감 때문이기도 하지만 아무것도 할 수 없는 자신의 무력한 상황 때문이기도 합니다. 발가벗겨진 채로 타자에게 완전히 내맡겨진 존재라는 상황 말입니다.

그런데 공장법의 역사는 그 노동자가 그렇게 무력하지 않다는 것을 보여줍니다. 노동자들은 저항했고 자본가의 힘을 일정하게 제어했습니다. 어떻게 그럴 수 있었을까요. 자본가가 모든 권력을 쥐고 전제정치를 펴는 공장에서 노동자들은 어떻게, 거기의 어디서 힘을 얻은 걸까요. 마르크스는 말합니다. "노동자들은 자기들을 괴롭히는 뱀으로부터 '방어'하기 위해 머리를 모으고 계급을 이루어, …… 자신과 자신의 종족을 죽음과 노예 상태로 팔아넘기는 것을 막아줄 국가 법률을 제정하도록 강제해야만 했다."[김, 411; 강, 422] 바로 여기, "머리를 모으고 계급을 이루어"라는 말 속에 힘의 원천이 있습니다. 노동자의 연대가 힘의 원천이었던 겁니다.

엥겔스는 "외톨이가 된 프롤레타리아는 단 하루도 살 수 없다"라고 했는데요.[60] 개별 노동자는 자본가 앞에서 아무런 힘도 발휘할 수 없습니다. 저항할 수가 없지요(시리즈의 다음 책에서 보겠지만 이는 자본가가 임금이나 노동조건을 개별적으로 협상하고자 하는 중요한 이유입니다). 사실 피지배자들의 힘이 연대에서 나온다는 것은 지배자들 또한 오래전부터 아는 사실입니다. 그래서 영국의 지배자들은 14세기부터 노동자들이 연대해 임금과 노동조건을 개선하고자 하는 행위를 금지했습니다. 노동자들의 결사, 서약 등을 모두 무효화했지요. 1799년과 1800년에는 아예 노동자들의 조직 결성을 엄금하는 '단결금지법'(Combination of Workmen Act)을 제정하기도 했습니다. 마르크스에 따르면 "노동자들의 단결은 14세기부터 단결금지법이 폐지된 1825년까지 중범죄로 취급되었"습니다.[김, 1012; 강, 993]

그러나 노동자들은 단결했습니다. 그 힘으로 1833년 처음으로 표준노동일을 제정했습니다. 표준노동일이 법적으로 제정된 것은 의미가 큽니다. 노동자가 노동력을 판매한 시간, 즉 자본가 아래서 노동을 해야만 하는 시간이 '언제 끝나는지'를 법적으로 확정한 것이니까요. 바꾸어 말하면 노동자의 자유시간, 노동자가 주인인 시간이 언제 시작되는지를 명백히 한 겁니다.

마르크스는 "이로써 '양도할 수 없는 인권들'의 화려한 목록을 대신하는…… 소박한 마그나 카르타(bescheidne Magna Charta)"가 나타났다고 했습니다. '인권선언'은 혁명으로 왕의 목을 치고 인민이 주권자임을 선포한 것입니다. 반면 '마그나 카르타'는 왕과 협정을 맺어 귀족과 인민들이 권리를 지킨 것입니다. 형식적으로 보면 표준노동일 제정은 인권선언에 비할 바가 못 됩니다. 혁명으로 뒤엎은 것도 아니고 전쟁에서 승리한 것도 아닙니다. 그저 자본가와의 내전을 통해 한 발짝씩 전진하며 얻어낸 협정일 뿐이죠. 형식만이 아니라 내용도 그렇습니다. 처음 표준노동일은 공장주에게 무려 15시간 노동일을 허용했습니다. 얻어낸 권리라는 게 소박하다 못해 보잘것없어 보일 지경입니다.

하지만 마르크스는 그렇게 보지 않았습니다. "이 얼마나 큰 변화인가!"(Quantum mutatus ab illo!) 그는 이 작은 변화, 소박한 변화가 얼마나 중요한지를 알고 있었습니다. 1844년 공장법의 내용을 다룰 때도 그랬습니다. 그는 법조문에 노동일의 시작을 "공인된 시계, 이를테면 가까운 철도 역사의 시계를 기준으로 해야" 한다는 것, 공장주는 "노동일의 시작, 종료, 중단을 표시하는 큼직한 공고문을 인쇄해 공장에 게시해야" 한다는 것 등 세부 규정이 들어간 것을 평가하며 이렇게 말했습니다. "이런 세밀한 규정은 결코 의회의 머리에서 나온 산물이 아니었다." 그 세부 규정들이 "하나의 기준으로 공인된 뒤 국가에 의해 공포된 것"은 오랜 계급투쟁의 성과라고 했습니다.[김, 382~383; 강, 397~398]

여러 번 느끼지만 마르크스는 참 좋은 눈을 가진 사상가입니다. 위대하다고 떠들어대는 것들은 생각보다 위대하지 않으며 사소한 것들은 생각보다 사소하지 않다는 것, 전복적 사상가란 이런 걸 볼 수 있는 눈을 가진 사람입니다. 대개 사람들은 화려하고 소란스러운 것에 눈과 귀를 빼앗깁니다. 마르크스는 유통영역이 그런 곳이라고 했지요. 그곳은 "천부인권의 낙원"이고 "소란스럽게 표면에 머물며 모든 눈이 닿는 영역"입니다(『성부와 성자』, 152~153쪽). "양도할 수 없는 인권들의 화려한 목록"이 선포되는 곳. 그런데 이 화려한 문구들에 눈을 빼앗기면 안 됩니다. 우리는 마르크스를 따라 에덴동산을 떠나 공포의 집으로 왔습니다. 이곳은 자유, 평등, 소유의 화려한 권리들이 모두 무색해지는 곳입니다. 이곳 노동자들은 천부인권을 걸고 싸우지 않습니다. 이들은 다만 일이 언제 시작되고 끝나는지를 분명히 하라면서 싸웁니다. 그리고 그 시간을 1분 1초라도 줄이기 위해 싸웁니다.

나는 『자본』 제8장 마지막 단락의 첫 문장을 다시 읽어봅니다. 노동자는 생산과정에 들어갈 때와 다른 모습으로 나온다. 좀 전에 나는 이 문장을 긍정적으로, 적극적으로 읽고 싶다고 했는데요. 근거 없이 그냥 해본 말이 아닙니다. 마르크스는 노동자들의 목소리가 유럽을 넘어 미국까지 퍼졌고 마침내 '8시간 노동제'에 대한 요구까지 나왔다는 말을 한 뒤 이 문장을 썼습니다. 그리고 "자기들을 괴롭히는 뱀으로부터 '방어'하기 위해 노동자들은 머리를 모으고 계급을 이루"었다고 썼습니다.

주춤주춤 공장에 들어갈 때 우리의 노동자는 혼자인 줄 알았습니다. 공장에 자본가만 있는 줄 알았겠지요. 그러나 그는 그곳에서 자신과 똑같은 처지의 사람들을 봤습니다. 그의 구원자는 그의 모습을 하고 그의 곁에 있었던 겁니다. 자본가의 권리에 맞서는 권리, 자본가의 힘에 맞서는 힘이 '동료'의 모습을 하고 그의 곁에 있었던 겁니다. 그는 이제 공장에 들어갈 때와는 조금 다른 표정, 조금 다른 걸음걸이로 공장에서 나올 수 있지 않을까요.

6

자본이 부딪힌 한계

우리는 자본의 새로운 불가능성과 마주합니다.
자본가가 어떤 한계에 부딪히게 된다는 겁니다.
그런데 이 불가능성은
개념적이거나 논리적인 것이 아니라,
현실적 장벽과 관련됩니다.
잉여가치량이 더는 늘어날 수 없는
사회적 조건들이 나타난다는 것이지요.
어째서 자본가는 잉여가치를 더 늘리기 어려운
조건에 봉착하게 되는 걸까요?
노동일을 더 연장할 수도 없고
노동자를 더 많이 고용할 수도 없는
그 한계를 만난 자본은 어떻게 살아남았을까요.
우리는 다시 로도스 섬에 서 있습니다.

윌리엄 와일드, 〈커설 무어에서 본 맨체스터의 공장 풍경〉, 1852.
이후 우리가 만날 '자본'은 이전에 만났던 '자본'과 달리 일정 규모를 넘어선 자본이다.
지금까지는 노동자를 한 사람만 고용해도 성립하는 모델이었다.
그런데 마르크스는 헤겔의 『논리학』에 나오는 소위 '양질 전환'을 언급하며
양이 어느 수준을 넘어서면 질적 변화가 나타난다는 데 동의한다.
마르크스는 왜 자본의 '규모'를 언급했을까.

이제까지 우리는 잉여노동에 대한 자본가의 갈망이 어떻게 노동일의 무분별한 연장으로 이어졌는지 보았습니다. 그것은 외적 규제와 압력을 통해, 더 구체적으로 말하면 노동자들이 연대해 법률과 제도의 장벽을 쌓고 나서야 어느 정도 저지될 수 있었습니다.

○ 다시 나타난 스핑크스와 세 개의 법칙

『자본』제3편의 마지막 장인 제9장(영어판은 제11장)은 제4편으로 나아가는 관문입니다. 그런데 여기에도 스핑크스가 서 있습니다. 다음으로 나아가려면 문제를 풀어야 합니다. 제4장 제2절(영어판은 제5장)과 같습니다. 그때 마르크스는 자본의 일반 정식이 지닌 '모순'을 우리에게 풀어보라며 던졌었지요. 참 기묘한 문제였습니다. 자본이 존재하는데 그것은 유통에서 발생할 수도 없고 유통에서 발생하지 않을 수도 없었잖아요. 상품교환의 기본법칙인 등가교환을 지키면서도 부등한 결과를 내놓으라고 했습니다.

제9장에서도 마르크스는 우리를 '모순'으로 내몹니다. 여기서도 현상과 법칙이 충돌합니다. 우리 눈에는 태양이 도는데 실제로는 우리가 돌고 있다는 식이지요. 마르크스는 현상을 보이는 대로 믿어버리면 진리는 언제나 역설에 봉착할 것이라고 했습니다(『마르크스의 특별한 눈』, 17쪽). 마르크스에게 모순을 해소한다는 건 현상을 부정하는 일이 아닙니다. 왜 그런 현상이 나타나는지, 다시 말해 그것은 왜 우리에게 그렇

게 보이는지 해명하는 것이죠.

　방금 말한 것처럼 제9장에서 우리는 자본의 새로운 불가능성과 마주합니다. 자본가가 어떤 한계에 부딪히게 된다는 겁니다. 그런데 이 불가능성은 개념적이거나 논리적인 것이 아닙니다. 자본 개념 안에 우리가 미처 몰랐던 모순이 있다는 뜻이 아니라는 말입니다. 이 불가능성은 현실적 장벽과 관련이 있습니다. 잉여가치량이 더는 늘어날 수 없는 사회적 조건들이 나타나는 것이지요. 하지만 자본가는 이 문제를 실천적 방식으로 해결했습니다. 그런데 그 겉모습이 우리가 아는 법칙과 충돌합니다. 우리에게 이론적 과제가 던져진 것이지요. 우리는 자본가가 실천적으로 돌파한 것을 이론적으로 해명해야 합니다.

　그 해명은 시리즈의 다음 책인 7권에서 이루어질 겁니다. 지금으로서는 제3편의 끝에서 마주한 장벽의 정체를 살피는 일이 먼저입니다. 어떻게 해서 자본가가 잉여가치를 더 늘리기 어려운 조건에 봉착하는지 말입니다. 그러려면 잉여가치량에 관여하는 요인들을 검토해봐야 합니다. 이 요인들이 무엇이고 서로 어떤 관계를 맺고 있는지를요.

　마르크스는 열역학 법칙을 제시함으로써 영구기관이 불가능한 이유를 설명하는 물리학자처럼 잉여가치량의 한계를 규정하는 세 개의 법칙을 제시했습니다. 너무도 간단하고 명확해 달리 어떻게 생각해볼 여지도 없는 법칙들이지요.

　세 법칙을 제시하기 전에 마르크스는 일단 노동력의 가

치를 '주어진 값'으로 전제하겠다고 말합니다. 제9장의 첫 문장인데요. "지금까지와 마찬가지로 이 장에서도 노동력의 가치, 즉 노동일 중 노동력의 재생산 또는 그 유지에 필요한 부분은 불변적 크기로 전제한다."[김, 413; 강, 424] 새로운 이야기는 아닙니다. 그동안 우리는 특정 시대, 특정 사회에서 노동력의 가치는 주어져 있다고 전제해왔으니까요. 그럼 이제 법칙들을 하나씩 살펴보겠습니다.

제1법칙은 이렇습니다. "생산된 잉여가치량은 투하된 가변자본량에 잉여가치율을 곱한 것과 같다."[김, 414; 강, 425] 공식으로 나타내면 다음과 같지요.

$$M = \frac{m}{v} \times V$$
$$= k \times \frac{a'}{a} \times n$$

이 공식에서 M은 전체 잉여가치량이고요. m은 노동자한 사람이 하루 동안 제공하는 평균 잉여가치, v는 노동자 한사람의 노동력을 매입하는 데 자본가가 매일 투여한 가변자본, V는 가변자본의 총액, k는 평균적인 한 사람 노동력의 가치, a'/a는 잉여노동과 필요노동의 비율 즉 착취도, n은 고용된 노동자 수입니다.

여러 변수로 이루어진 수식을 적어놓으니 골치 아파 보입니다만 실제 내용은 전혀 어렵지 않습니다. 전체 잉여가치량은 노동자 한 사람이 평균적으로 내놓는 잉여가치(m)에 노동자수(n)를 곱하면 나올 테니 간단하지요? 그런데 이때 노동자 한 사람이 내놓는 잉여가치(m)는 자본가가 한 사람의 노동력에 지불한 가치(v)와 잉여가치율(m/v)을 곱한 값으로 구할 수 있습니다. 잉여가치율이 50퍼센트라면 노동자가 200만 원 받을 때 자본가는 100만 원 챙겨 간다는 걸 의미합니다. 잉여가치량 100만 원은 노동력의 가치 200만 원에 잉여가치율 50퍼센트를 곱한 값이지요. 그런데 이 100만 원은 한 사람이 내놓은 잉여가치고요. 전체 잉여가치량을 구하려면 이 값에 노동자 수를 곱해야겠지요.

지금까지 말한 것을 정리한 것이 제1법칙의 공식입니다. 전체 잉여가치량(M)은 잉여가치율(m/v)에다 한 사람의 노동력에 지불한 가치(v)를 곱하고 여기에 다시 노동자 수를 곱한다. $M = (m/v) \times v \times n$. 그런데 자본가가 한 사람의 노동력에 지불한 가치(v)에 노동자 수(n)를 곱한 값은 자본가가 전체 노동력에 지불한 가치 즉 가변자본 총액(V)과 같습니다. 방금 쓴 공식에서 '$v \times n$'을 'V'로 바꾸어 써도 된다는 겁니다. 그럼 $M = (m/v) \times V$가 되겠지요. 첫 번째 공식이 이렇게 증명되었습니다.

그런데 우리는 잉여가치율(m/v)을 잉여노동과 필요노동의 비율(a'/a)로 적을 수도 있다는 걸 알고 있습니다. 그리고 가변자본 총액(V)은 한 사람 노동력의 평균 가치(k)에 노동자 수(n)를 곱한 값이라고도 할 수 있습니다. 그러면 $M = (a'/a) \times k \times n$이라고도 쓸 수 있지요(참고로 자본가 노동력의 가치를 제대로 지불한다고 전제했을 때 v와 k의 값은 같습니다). 이로써

두 번째 공식도 증명되었지요.

제1법칙이 의미하는 바는 간단합니다. 잉여가치량을 늘리고 싶으면 잉여가치율(m/v) 내지 착취도(a'/a)를 올리든지 고용(n)을 늘려야 한다는 겁니다(노동력의 가치를 고정된 값으로 놓을 경우 가변자본의 총액은 결국 노동자 수에 달렸을 테니까요). 이렇게 말할 수도 있습니다. 가변자본의 총액(편의상 임금 총액이라고 해도 좋겠습니다)이나 고용을 늘리지 않으면서, 심지어 그것을 줄이면서도 잉여가치량을 늘리거나 유지하려면 그만큼 잉여가치율 내지 착취도를 올려야 한다는 겁니다. 첫 번째 공식은 가변자본의 감소가 잉여가치율 증대로 상쇄될 수 있음을 보여주고, 두 번째 공식은 고용의 감소를 착취도의 증가로 상쇄할 수 있음을 보여주니까요. 앞 장에서 본 노동일의 무제한적 연장이 이런 효과를 냈지요.

제2법칙은 노동일의 절대적 한계에 관한 것입니다. 아무리 고용 노동자 수나 가변자본 감소를 '노동일 연장'으로 보존하려 해도 한계가 있다는 겁니다.[김, 415; 강, 426] 노동일은 절대 24시간을 넘어설 수 없습니다. 마치 어떤 물체도 빛의 속도를 넘어설 수 없고 특정 온도 이하로는 냉각될 수 없는 것과 같지요. '절대적 한계'가 있다는 겁니다. 노동력의 가치를 고정할 경우, 이를테면 노동일 12시간에서 6시간(6만 원)이 한 사람 노동력의 하루 가치에 해당한다면 잉여가치도 6시간(6만 원)이겠지요. 노동자 수가 100명이면 600시간(600만 원)의 잉여가치가 생겨납니다. 잉여가치율이 100퍼센트인 것인데요. 노동일을 18시간으로 연장해 잉여가치율을 200퍼센트로 올리면 1200시간(1200만 원)의 잉여가치가 생겨나겠지요. 24시간으로 연장해 잉여가치율을 300퍼센트로 올리면 1800시간(1800만 원)이 생겨날 테고요. 하지만 그 이상은 불가능합니다. 아무리 해도 100명의 노동자가 하루 1800시간(1800만 원) 이상의 잉여가치를 생산할 수는 없다는 겁니다. 사실 한곗값은 이보다 더 작습니다. 노동자들에게는 최소한의 휴식과 수면, 식사시간이 주어져야 하니까요.

너무나 자명한 이 제2법칙은 그 자명성만큼이나 절대적 장벽입니다. 제2법칙을 잘 기억해두길 바랍니다. 마르크스가 말한 것처럼 "제2법칙은 이후에 전개되는 자본의 경향, 즉 고용 노동자 수, 즉 노동력으로 전환되는 가변자본 부분을 [불변자본 부분에 비해] 줄이려는 경향에서 발생하는 현상들을 설명하는 데 매우 중요"하니까요.[김, 416; 강, 427] 절대적 장벽의 존재는 자본으로 하여금 방향을 근본적으로 수정하게 하지요. 그러나 아직은 조금 이른 이야기입니다.

제3법칙은 잉여가치율과 노동력의 가치가 주어져 있을 때 생산되는 잉여가치량은 가변자본의 크기에 정비례한다는 겁니다.[김, 417; 강, 428] 사실 이것은 제1법칙에서 자연스레 따라 나오는 내용입니다. $M=(m/v) \times V$니까요. 그런데 마르크스가 제3법칙을 통해 말하고 싶은 것은 이겁니다. 잉여가치량은 불변자본에 지출한 부분과는 관계가 없다는 거죠. 불변자본과 가변자본의 비율도 영향을 못 미칩니다. 오로지 가변자본의 크기와만 관계한다는 겁니다. 불변자본의 가치가 생산물의 가치에 재현되기는 하지만 새로운 가치생산물은 아니니까요(지난 책에서 우리는 '생산물의 가치'와 '가치생산물'을 구분한 바 있지요. 『생명을 짜 넣는 노동』, 142~144쪽).

그런데 이 세 개의 법칙은 그냥 제시된 게 아닙니다. 이 법칙들은 한결같이 잉여가치량의 한계를 암시하고 있습니다. 자본이 끊임없는 증식을 통해서만 자본으로 존재할 수 있다는 점을 생각해보면, 이 법칙들은 자본이 언젠가 마주할 수밖에 없는 장벽, 자본이 결코 넘어설 수 없는 철창처럼 보입니다. 자본에게 심판의 날이 닥칠 때 재판관이 참조할 법조문 같다고 할까요.

이들 법칙에 따르면 잉여가치량을 늘리는 방법은 잉여가치율을 올리는 것과 고용 노동자 수를 늘리는 것밖에 없습니다. 그러나 노동일 연장은 24시간이라는 자연적 한계에 묶여 있습니다. 노동자의 휴식과 수면이라는 생물학적 한계를 고려하면 그보다 짧고 노동자들의 집단적 저항이라는 정치적 한계까지 고려하면 더 짧지요. 노동일의 한계가 주어져 있다면 잉여가치량은 노동자 수의 증가를 통해서만 증대될 수 있습니다. 잉여가치가 인구 증대, 특히 노동인구의 증대에 좌우되는 것이지요. 이 경우 잉여가치 생산은 인구 규모라는 수학적·통계학적 한계와 대면합니다.[김, 418; 강, 429]

특히 제3법칙에서 마르크스는 '잉여가치율'(착취도)과 '노동력의 가치'가 주어졌다고 가정합니다. 내 생각에 이것은 그가 논리적 경우의 수 하나를 막연히 떠올려본 게 아닙니다. 이것은 공장법의 역사를 통해 드러난 현실을 반영한 가정입니다. 공장법의 역사는 자연적·생물학적·수학적 한계만큼이나 정치적 한계가 있음을 분명히 보여주었으니까요. 계급투쟁은 자본가가 노동일을 마구 연장함으로써 잉여가치율 내지 착취도를 높인다거나, 노동자에게 지불하는 가변자본의 총액(V)을 힘을 동원해 낮추는 것을 사실상 불가능하게 만들었습니다.

과연 자본은 이 한계를 돌파할 수 있을까요. 이 법칙들을 어기지 않은 채로 잉여가치를 늘릴 방안이 있을까요. 다시 한 번, 목숨이 달린 도약이 필요합니다. 자본은 그 도약에 성공할 수 있을까요.

○ 무지의 피난처

우리가 경험적으로 알고 있듯이 자본은 살아남았습니다. 단지 살아남는 수준이 아니라 더욱 번성하고 있습니다. 노동일이 늘어난 것은 아닙니다. 영세 업체들이나 제3세계의 공장들에서는 여전히 살인적인 노동일이 유지되고 있지만 19세기에 비해 늘어났다고 말하기는 어렵습니다.

그럼 고용 노동자 수가 증가한 걸까요. 자본주의의 확대와 더불어 노동자로 편입된 세계 인구가 늘어나기는 했겠지만 개별 기업들을 기준으로 보면 그렇게 말하기도 어렵습니다. 오히려 우리가 일상에서 보는 것은 앞서 본 법칙과 반대되는 양상입니다. 제3법칙에 따르면 잉여가치량은 가변자본에 정비례합니다. 그런데 경험상으로는 노동자보다 기계에 돈을 더 많이 쓴 자본가가 돈을 더 버는 것 같습니다. 마르크스 역시 실제로 '사용된 총자본에 대한 백분율을 기준으로 하면' 즉 이윤율 관점에서 보면 가변자본의 비중이 상대적으로 높은 제빵업자가 불변자본의 상대적 비중이 높은 방적업자보다 이익을 더 보는 건 아니라고 말합니다.[김, 417~418; 강, 428]

　　"이 법칙은 겉으로 보이는 모든 경험과 명백히 모순된다."[김, 417; 강, 428] 마르크스는 그렇게 썼습니다. 그러면서 이는 수학에서 $\frac{0}{0}$이 하나의 실숫값을 나타낸다는 점을 이해시키는 것과 같다고 했습니다. 아마 미분 개념을 말하겠지요. 17세기 말 미분 개념이 처음 등장했을 때 거의 악마 취급을 받았습니다. 뭔가 그럴듯하면서도 황당했으니까요. $\frac{dy}{dx} = k$라고 써볼까요. dy와 dx는 모두 '0'에 무한히 다가가는 값입니다. 분모와 분자가 모두 사라지고 있는 거지요. 그런데도 둘의 '관계'를 나타내는 'k'라는 숫자는 변함이 없습니다.

　　어떻게 이런 일이 가능한지를 초등수학을 배운 사람에게 설명하려면 "많은 매개 항들이 필요"하겠지요.[김, 418; 강, 429] 마르크스는 잉여가치에 대한 앞서의 법칙들이 현실에서 우리에게 나타난 현상과 충돌하는 문제도 마찬가지라고 했습니다. 중요한 것은 어떻게 이런 현상이 나타났는지 설명하는 일이겠지요. 나는 제4장 '자본의 일반적 모순'을 다룰 때 그

모순의 성격과 해결방식이 스피노자식 '지성 개선'에 가깝다고 했는데요(『성부와 성자』, 75쪽). 스피노자는 현상을 우리에게 비친 이미지 그대로 받아들이지 말라고 말한 사람입니다. 일출 때 태양이 커 보인다고 해서 아침에는 태양이 더 커진다고 말해버리면 안 된다는 것이지요. 커 보이는 것은 이미지이고 이런 이미지를 따라 만들어진 지식은 상상입니다.

마르크스는 고전파 경제학자들, 특히 리카도 학파가 이 문제에서 걸려 넘어졌다고 했습니다.[김, 418; 강, 429] 이들은 잉여가치량이 '살아 있는 노동의 양'에 달렸음을 정식화하지는 못했지만 '본능적으로는' 알았습니다. 그런데 현실에서는 '살아 있는 노동의 양' 즉 가변자본의 크기와 상관없이 전체 투자액이 같으면 동일 기간에 대체로 동일한 이윤을 산출했습니다(소위 '평균이윤율'이라는 것으로, 『자본』 III권 제2편에서 그 내용을 다룹니다). 왜 노동력을 많이 사용하는 곳의 이윤율이 더 높지 않은가. 리카도 학파는 이 문제에 답을 내놓지 못했습니다.

마르크스는 이렇게 말합니다. "속류경제학은 언제나 그렇듯이 여기서도 현상의 법칙을 무시하고 겉모습에만 집착하고 있다. 그들은 스피노자와는 반대로 '무지는 충분한 근거'라고 믿는다."[김, 418; 강, 429] 마르크스는 스피노자가 신을 '무지의 피난처'로 쓰는 목적론자들을 비판하며 한 말을 염두에 둔 것 같습니다.[61] 이를테면 이런 겁니다. 지붕에서 돌이 떨어져 누군가 죽었습니다. 왜 돌이 떨어졌을까. 그때 바람이 불었기 때문입니다. 바람은 왜 그때 불었을까. 그때 바다가 거칠어졌기 때문입니다. 그렇다면 바다는 왜 그때 거칠어졌을까. 이런 식으로 원인의 원인을 계속 묻다 보면 마침내는 신을 원인으로 끌어들이게 되지요. 스피노자는 이렇게 도입된 신을 '무지의 피난처'(ignorantiae asylum)라고 했습니다. 이런 신은 무지의 다른 이름이죠. 현상의 참다운 원인이 아니라 무지를 원인 형태로 표현한 것뿐입니다.

○ 출구 없는 벽 앞에서

노동일을 더 연장할 수도 없고 노동자를 더 많이 고용할 수도 없는 한계를 대면했는데도 자본은 어떻게 살아남았을까요. 왜 우리가 경험하는 현상은 법칙과 다를까요. 노동일을 늘릴 수 없는 상황이라면 가변자본을 늘리는 것이 잉여가치를 늘릴 유일한 길이라고 했는데, 왜 가변자본에 더 많이 투자한 자본가가 더 많은 잉여가치를 얻지 못하는 걸까요.

우리는 다시 로도스 섬에 섰습니다. 잉여가치에 대한 세 법칙의 추론에 문제가 있지는 않습니다. 너무 자명해서 문제 삼을 것이 없지요. 어떤 출구가 있을까요. 도대체 자본은 어떻게 이 궁지를 벗어난 걸까요. 더 많은 노동자들을 더 오래 일시키는 것 말고 우리가 모르는 잉여가치의 생산방식이 혹시 있는 걸까요. 마르크스는 제3법칙에 대해 이렇게 말했습니다. "다음 장에서 보겠지만 이 법칙은 지금까지 다뤄온 잉여가치의 형태에만 유효하다."[김, 419; 강, 429] 그러니까 다른 형태의 잉여가치가 있다는 이야기입니다.

우리의 탐정 마르크스는 이번에도 몇 가지 단서들을 던져놓았습니다. 일단 다음 편에서 만날 '자본'은 일정 규모를 넘어선 자본입니다. 지금까지의 모델은 노동자를 한 사람만 고용해도 성립했습니다. 한 사람이라도 그 노동일을 연장하면 그만큼 잉여가치가 늘어납니다. 그런데 마르크스는 헤겔의 『논리학』에 나오는 소위 '양질 전환'을 언급하면서, 양이 어느 수준을 넘어서면 질적 변화가 나타난다는 말이 옳다고 했습니다.[김, 420~421; 강, 431] 그는 왜 자본의 규모 이야기를 했을까요.

곧이어 마르크스는 두 가지 이야기를 꺼내는데요. 하나는 자본이 '노동에 대한 지휘권'(Kommando über die Arbeit)으로, 또 노동자계급으로 하여금 생활에 필요한 것보다 더 많은 노동을 하도록 강요하는 '강제관계'(Zwangsverhältnis)로 발전했다는 겁니다. 그러면서 "자본은, 타인의 노동을 만들어내고 잉여노동을 뽑아내고 노동력을 착취한다는 점에서 …… 그 이전의 모든 생산체계를 능가한다"라고 했습니다.[김, 422; 강, 432] 지난 책에서도 우리는 '자본가의 통제'라는 말을 만난 적이 있는데요(『생명을 짜 넣는 노동』, 58쪽). 그때는 부정적 감시 기능이 도드라졌습니다. 그런데 여기는 뉘앙스가 다릅니다. '지휘권'이라는 말이 연주자의 역량을 최대한 끌어내는 오케스트라의 '지휘자'를 연상시킵니다. 물론 지휘를 통해 자본가가 뽑아내는 것은 아름다운 선율이 아니라 '잉여노동'이지만요. 다수 노동자들의 노동을 지휘하고 조직하는 것을 통해 노동시간을 동일하게 유지하면서도 잉여노동을 더 뽑아내는 방식이 혹 있는 걸까요.

또 하나의 이야기는 생산수단에 관한 겁니다. 앞서도 이부분을 인용하며 언급했습니다만 노동자와 생산수단의 관계가, 지난 책에서 말한 것과는 그 뉘앙스가 다릅니다. 지난 책에서 생산수단은 수동적 대상이었습니다. 그때는 노동자가 능동적 주체로서 생산수단을 써서 가치를 이전하고 추가하고 그랬지요. 그런데 여기서는 기계 등의 생산수단에 대해 "타인의 노동을 빨아들이기 위한 수단"이라고 말합니다. 생산수단이 노동자를 대상으로 삼아 노동을 적극적으로 빨아들이는 거죠. 마르크스는 생산수단을 자본가가 노동자에게 내미는 권리증서로 말하기도 합니다. "화폐가 생산과정의 대상적 요소 즉 생산수단으로 전환하기만 하면 그 생산수단은 타인의 노동과 잉여노동에 대한 권리증명과 강제권으로 전화된다."[김, 423; 강, 433] 이제는 생산수단이 노동자를 향해 피를 내놓으라고 닦달하는 것입니다. 이런 전도 때문에 가치증식 능력이 생산수단에 있다는 착각까지 일어납니다. 그래서 생산수단을 팔 때 그것이 빨아들이는 잉여노동까지 생산수단의 값으로 계산하는 망상이 일어납니다.[김, 424; 강, 434]

이 시리즈의 다음 책에서 다룰 『자본』 제4편의 제목을 미리 한번 볼까요. '상대적 잉여가치의 생산'입니다. 제3편에서 우리가 다룬 것은 '절대적 잉여가치의 생산'이었지요. 확실히 다른 형태의 잉여가치 생산이 다음 편에서 이루어지는 모양입니다. 그리고 짐작건대 그것은 노동을 조직하는 방식과 생산수단 활용과 관련되는 듯합니다. 이를 위해서는 일정 규모 이상의 자본이 필요한 것일 테고요. 그런데 아직은 잘 모르겠습니다. 노동시간 즉 노동량이 늘지 않았는데 어떻게 잉여가치가 늘어날 수 있을까요. 기계는 불변자본으로서 가치를 증식시키지 않는데 그것을 활용한다고 해서 과연 잉여가치가 늘어날까요. 노동을 조직하는 방식의 변화와 새로운 생산수단의 도입이 마르크스가 말한 세 법칙을 벗어날 수 있을까요. 아무리 살펴봐도 법칙의 추론에는 문제가 없는데 말입니다.

법칙의 추론에 문제가 없을 때는 법칙의 전제를 검토해보는 것도 좋은 방법입니다. 제9장의 첫 문장을 다시 볼까요. "지금까지와 마찬가지로 이 장에서도 노동력의 가치, 즉 노동일 중 노동력의 재생산 또는 그 유지에 필요한 부분은 불변적 크기로 전제한다."[김, 413; 강, 424] 혹시 이렇게 전제하지 않는다면 어떨까요. 출구를 찾을 수 없었던 것은 출구 없는 벽을 두드렸기 때문은 아닐까요. 오른쪽 길이 막혀 있다면 왼쪽으로 가는 것도 생각해봐야지요. 문은 반대편에 있는지도 모르니까요.

부록노트

I——『자본』과『영국 노동자계급의 상태』

1866년 2월 10일 마르크스는 엥겔스에게 편지를 썼습니다. "내 책이 출간되는 즉시 자네 책 제2판도 반드시 함께 세상에 나와야 하네."[62]

　　여기서 말한 '내 책'은 당연히 『자본』이고요. '자네 책'은 1845년에 초판이 나온 『영국 노동자계급의 상태』를 가리킵니다. 두 책을 함께 내자고 한 것은 우정을 기념하기 위해서가 아닙니다. 출간된 지 20년이 넘은 책의 '제2판'을 '반드시' 세상에 내보내라고 한 것은 마르크스가 이 책의 중요성을 새삼 깨달았기 때문일 겁니다.

○반드시 함께 나와야 할 책——당시 마르크스는 『자본』 집필에 열중하고 있었습니다. 국제노동자협회 즉 인터내셔널 관련 일로 바빴지만 오랫동안 자신의 운명을 짓눌러온 그 '지긋지긋한'(verdammte) 책을 완성하지 않으면 안 되겠다는 결심을 했던 것 같습니다. "작업을 밀어붙이기 위해 최소한 14일간 [런던을] 떠나 있을 것이라고 '인터내셔널' 소위원회에" 거짓말을 했을 정도니까요.[63] 1865년 마르크스는 정말로 최선을 다했던 것 같습니다. 편지를 보면 더운 여름날에도 '문을 열어둔 채' 밤낮을 가리지 않고 썼습니다. 그 때문에 오른팔에 류머티즘이 왔고 어깨는 통증 때문에 조금도 들어 올릴 수 없는

지경이 되었지요.[64] 그렇게 해서 연말에 원고를 완성했습니다.[65]

물론 이 '완성'이 출판사에 넘길 원고를 끝냈다는 뜻은 아닙니다. 마르크스의 표현을 빌리자면 『자본』은 처음부터 끝까지가 하나의 '예술적 전체'(artistisches Ganzes)를 이룹니다.[66] 그가 『자본』을 완성했다는 것은 '가치' 개념에서 시작해 논리적 발생 경로를 따라 '가격', '이윤', '이자', '지대' 등의 현상들까지, 그러니까 시작부터 끝까지 거칠게나마 다 써보았다는 뜻일 겁니다. 1866년 1월 중순께 요한 필리프 베커(Johann Philipp Becker)에게 보낸 편지를 보면 전체 분량이 1200쪽 정도 되었던 것 같습니다.[67]

1866년 새해 첫날부터 마르크스는 이 원고 뭉치를 본격적으로 다듬습니다. 그는 엥겔스에게 이렇게 썼습니다. "1월 1일부터 원고를 옮겨 적고 문체를 다듬는 일을 시작했네. 일은 아주 잘 진척되었네. 오랜 산고를 거쳐 나온 아기를 깨끗하게 핥아주는 일은 당연히 즐거운 일이니까."[68] 이때 그는 '노동일'에 관한 장에 역사적 자료를 많이 넣었습니다. "원래 계획에는 없던 일"이었는데요. 약해진 두뇌 때문에(체력 소진 탓이겠지요) 이론 부분의 작업을 진척하기 어려워 역사 부분 보강에 나섰다고 합니다.[69]

그러면서 엥겔스가 20년 전에 수행한 작업의 중요성을 새삼 깨달은 것 같습니다. 마르크스는 이렇게 적었습니다. "지금 내가 [노동일에 관한 장에] '삽입한 것'은 자네 책에 대한

1865년까지의 [스케치하듯 한] 보충이고, 미래에 대한 자네의 생각과 [실제로 나타난] 현실 사이의 차이에 대한 완전한 정당화네."[70] 자신이 『자본』에 새로 넣은 내용은 엥겔스가 1845년까지 쓴 것을 1865년까지 연장한 것뿐이라는 말입니다.

실제로 마르크스는 『자본』에서 엥겔스의 책을 언급하는 주석을 달았습니다. 1845년까지의 분석은 엥겔스의 『영국 노동자계급의 상태』를 참조하라고요. 그러면서 "엥겔스가 자본주의 생산양식의 정신을 얼마나 깊이 파악했는지"는 1845년 이후 나온 보고서들이 보여주고 있으며 "그가 얼마나 놀라울 만큼 실태를 꼼꼼하게 묘사했는지"는 "18~20년 뒤에 출간된 '아동노동조사위원회'의 공식 보고서와 얼핏 비교해봐도 금방 알 수 있다"라고 했습니다. 공장법이 적용되지 않은 산업부문들에서는 "엥겔스가 기술했던 상태가 별다른 충격 없이 변화되지 않은 채로 남아 있다"라고도 했습니다.[김, 320, 각주 15; 강, 341, 각주 48]

다시 편지로 돌아가면, 마르크스는 엥겔스의 의지를 북돋우며 말했습니다. 개정판을 내기 위해 새로 읽어야 할 자료는 거의 없을 것이라고요. 1845년 이후의 상황을 기술하는 데는 「공장감독관 보고서」(Factory Reports), 「아동노동조사위원회 보고서」(Childrens Employment Commission Reports), 「공중위생 보고서」(Board of Health Reports) 정도만 읽으면 되고(나머지 자료는 '학문적으로 써먹을 수 없는' '쓰레기들'이니까요), "종기로 고통받지 않는" 엥겔스라면 3개월의 시간으로도 충분할 거라

고요.⁷¹

마르크스는 왜『영국 노동자계급의 상태』를『자본』과 함께 출간해야 한다고 했을까요. 단지 엥겔스의 책이 1845년 이전까지 노동자계급의 상태에 대한 가장 세밀하고 정확한 기록이었기 때문일까요. 아니면 엥겔스가 20년 전에 말한 미래가 거의 그대로 실현되었기 때문일까요. 물론 마르크스에게는 출간된 지 너무 오래되어 독자들의 시야에서 사라진 이 훌륭한 책을 알리고 싶은 마음도 있었을 겁니다.

하지만 나는 마르크스가『영국 노동자계급의 상태』를『자본』과 '반드시'(notwendig) '함께'(동시에, zugleich) 출간해야 한다고 말한 데는 다른 이유가 있다고 봅니다.『영국 노동자계급의 상태』는 그 자체로 훌륭한 책이지만 마르크스는 이 책과『자본』의 특별한 관계를 말하고 싶었던 것 같습니다. 즉 '내 책 나오는 김에 자네 책도 다시 나왔으면 좋겠어'가 아니라, '내 책과 자네 책은 한 쌍이야'라고 말하는 것처럼 보인다는 거죠.

마르크스의『자본』은 기본적으로 자본의 운동, 자본의 논리를 밝히는 책입니다. 노동력조차 자본의 한 형태(가변자본)로 다룹니다. 자본의 동일성이 지배하고 있다고 할까요. 그런데 노동일을 다루는 제8장은 다릅니다. 두 가지 점에서 그런데요. 하나는 자본의 논리를 대변하는 자본가의 논변에 대한 노동자의 항변이 나옵니다. 로고스 대 로고스의 충돌입니다. 또 하나는 논리로 환원되지 않는 음성, 다시 말해 로고스와는 다른 차원인 포네가 등장한다는 겁니다(이 음성적 요소의 중요성에 대해서는 본문에서 다루었습니다).

　　나는『자본』원고를 다듬던 마르크스가 엥겔스 책의 중요성을 이런 측면에서 다시 인식했던 게 아닐까 생각합니다(실제로 제8장은『영국 노동자계급의 상태』를 무척 닮았습니다. 인용하는 자료들도 그렇고 인용하는 방식도 그렇고요). 마르크스가 엥겔스 책의 중요성을 인식했다고 했지만 엄밀히 하자면 자본의 논리와는 다른 노동자의 논리, 더 나아가 논리로 환원될 수 없는 (노동자의) 음성의 중요성을 인식했지 않았을까 싶습니다. 자본주의를 이해하려면 자본의 논리만 가지고는 안 된다는 것. '노동일'의 역사를 정리하면서 마르크스는 이 점을 크게 느꼈을 겁니다. 실제 '노동일'의 역사는 두 계급이 벌여온 '내전'의 역사에 다름 아니까요. 그 점에서 보면『자본』과『영국 노동자계급의 상태』는 자본주의를 이해하기 위해 '반드시' '함께' 필요한 책입니다. 한 쌍의 '정치경제학 비판'이라고 불러도 좋겠지요.

○정치경제학 비판의 '다른 경로'——저자들만큼이나 저서들의 우정도 대단하지요? 사실『영국 노동자계급의 상태』는 두 사람의 우정이 막 점화되었을 때 나온 책입니다. 둘은 파리에서 처음 만났지요. 1844년 마르크스는 헤겔의『법철학』을 비판하는 과정에서 시민사회의 중요성을 인식했고, "시민사회의 해부학은 정치경제학에서 찾아야 한다는 결론에 도달"했습

니다. 그때 '다른 경로'로 똑같은 결론에 이른 엥겔스를 만났다고 합니다.[72] 엥겔스의 글 「국민경제학 비판 개요」(1844)를 읽고 이미 감명을 받은 터였지요(나중에 그는 이 글을 "정치경제학 범주들에 대한 비판을 위한 천재적 스케치"라고 불렀습니다.[73]) 그때 엥겔스는 『영국 노동자계급의 상태』를 준비하고 있었습니다.

엥겔스는 새로 사귄 친구에게 정치경제학 비판에 이른 자신의 '경로'를 보여주고 싶었던 것 같습니다. 그는 『영국 노동자계급의 상태』를 완성한 후 마르크스를 그 책의 현실로 안내했습니다. 영국으로 데려가 6주 정도 시간을 보냈는데요. 런던에는 짧게 머물렀고 대부분은 맨체스터에서 지냈습니다.

마르크스는 틈나는 대로 맨체스터의 체담 도서관(Chetham's Library)에 들러 정치경제학자들의 책을 읽었습니다. 그리고 엥겔스가 묘사했던 노동자들의 거주지를 직접 보았습니다. 그 전에는 이런 경험이 없었습니다. 파리에서도 말은 들었지요. 하지만 실제로 노동자 빈민굴을 본 것은 그때가 처음이었습니다. 자본주의가 생산하는 가난의 정체를 직접 목격한거죠. 또 엥겔스의 소개로 프롤레타리아 운동가들을 만났습니다. 주로 의인동맹(League of Just) 회원들이었는데요. 이들은 2년 후 '공산주의자동맹'을 만듭니다. 1848년 마르크스와 엥겔스는 이 단체의 이념을 선포하는 글을 썼는데요. 그게 바로 『공산주의당선언』이죠.

『영국 노동자계급의 상태』는 엥겔스가 마르크스의 손을

잡고 알려주고자 했던 프롤레타리아트의 현실, 마르크스에게 소개해주고 싶었던 운동가들, 마르크스와 함께 일구고 싶었던 혁명운동을 상징합니다(이것은 맨체스터의 노동자 메리가 연인인 엥겔스의 손을 잡고 했던 일이기도 하지요). 마르크스에게 엥겔스가 있었다는 것, 마르크스가 정치경제학 공부를 막 시작할 때 엥겔스의 『영국 노동자계급의 상태』가 있었다는 것은 정말로 큰 축복입니다.

○ "내가 중요하게 여기는 것"——참고로 마르크스의 바람은 아주 늦게 이루어졌습니다. 그가 죽은 뒤였죠. 『영국 노동자계급의 상태』는 1887년 미국에서, 그리고 1892년 영국에서 재출간되었습니다. 그러나 마르크스가 말한 1845년 이후의 상황에 대한 보강은 이루어지지 못했습니다. 엥겔스에게는 체력도 시간도 없었으니까요. 그는 생의 마지막 에너지 대부분을 『자본』 III권 편집에 쏟아 부었습니다. 이 작업을 마무리한 바로 다음해에 숨을 거두었지요. 물론 이 일만 한 것은 아닙니다. 틈틈이 『자본』 I권의 해외 번역본들도 감수해야 했고요. 국제 사회주의운동과 노동운동도 챙겨야 했습니다(『자본』 III권에 붙인 서문을 보면 그의 분투를 짐작할 수 있습니다[74]).

이런 와중에 『영국 노동자계급의 상태』의 내용을 보강하기는 불가능했을 겁니다. 그렇다고 반세기 가까이 지난 책을 그대로 내는 것도 내키지는 않았을 테고요. 그는 1885년 런던의 어느 신문에 게재했던 원고를 서문에 붙였습니다. 여기에

1845년 이후의 상황을 언급한 부분이 있었으니까요.

그런데 서문에 붙인 이 짧은 원고가 다시금 『영국 노동
자계급의 상태』의 정신이 어떤 것인지를 보여줍니다. 1845년
이후 노동자계급의 상태는 어떠한가. 엥겔스는 노동자계급
가운데 처지가 나아진 두 부류가 있다고 했습니다.[75]

하나는 '대공장 노동자들'(the factory hands)이고, 다른 하
나는 '거대 노동조합들'(the great trade unions)입니다. 대공장
노동자들은 노동일을 규제하는 의회의 법령 덕분에 신체적·
정신적 힘을 회복했습니다. 그리고 '성인 남성 노동자들'이
주축인 노동조합은 여성들과 아이들, 기계들과의 경쟁에서
자신의 권익을 지켰습니다. 엥겔스는 이들을 혹독하게 비판
합니다. "이들은 노동자계급 사이에서 귀족층을 형성하고 있
다. 이들은 비교적 안락한 위치를 확보하는 데 성공했고 이것
을 변경 불가능한 결과로 여기고 있다. …… 자본가계급 일반
에게도 상대하기 아주 편한 사람들이 되었다."[76]

그러나 이들을 제외한 노동자들 대부분은 처지가 별로
달라진 게 없습니다. 엥겔스에 따르면 '이스트엔드'는 여전합
니다. '이스트엔드'는 19세기 런던의 빈민들이 모여 살던 곳
으로, 일자리가 사라지면 굶주림이 지배하고 일자리가 생기
면 신체와 정신의 타락이 나타났지요. 특권층 노동자들은 더
는 여기에 살지 않습니다. 그런데 엥겔스는 이곳을 눈여겨봅
니다. "영국에서 사회주의가 실제로 이루어낸 전반적 진보보
다 내가 훨씬 더 중요하게 여기는 것은, 런던의 이스트엔드가

부활한다는 사실이다."[77] 그는 이 굶주림과 타락의 땅에서 움트는 싹을 소위 '응접실' 사회주의, '체면 차리는' 사회주의보다 훨씬 중시했습니다. 그는 여기 사는 '미숙련 노동자들'이 새로운 조합을 만드는 걸 보고 너무 기뻤습니다. 그는 이들 새로운 조합은 구식 조합과 "성격이 본질적으로 다르다"라고 했습니다. 구식 조합은 기존의 임금체계를 받아들이고 기껏해야 조합원들의 이익을 위해 나서지만, 새로운 조합은 "임금체계의 영원성에 대한 믿음이 흔들리던 때에 창립"되었으며, 무엇보다도 체통이나 지키려 드는 식의 사고를 하지 않는다고요.

"과거에도 저질렀고 현재도 저지르고 있으며 미래에도 저지를 모든 잘못에도 불구하고 런던 이스트엔드의 소생은 이 세기말의 가장 위대하고 가장 유익한 사실 가운데 하나이며, 나는 그것을 생전에 보게 되어 기쁘고 자랑스럽다."[78] 엥겔스는 1892년 1월에 쓴 글을 이렇게 마무리했습니다. 그가 보고 기뻐한 것, 그것이 그를 말해줍니다. 이것이 엥겔스이고 이것이 『영국 노동자계급의 상태』입니다.

II──이주노동자와 인터내셔널

1863년 런던에서 국제박람회가 열리고 있을 때 프랑스 노동자들이 대거 런던을 찾았습니다. 겉으로 내건 목적은 산업 시찰이었는데요. 실제로는 영국 노동조합 대표들과 만나기로 사전 약속이 되어 있었습니다.[79] 영국의 노동조합 대표들은 그해에 일어난 폴란드 봉기를 지지하고 폴란드 민주주의자들을 지원할 방안을 함께 모색하자고 했지요. 당시 폴란드는 러시아의 지배 아래 있었는데요. 서유럽 정부들은 러시아의 폭력적 진압에 대해 침묵하고 있었습니다. 노동자들이 이 일에 국제적 연대의 뜻을 내비쳤다는 것은 무척 의미 있는 일이었지요.

그런데 사실 영국 노동조합 대표들에게는 또 다른 목적이 있었습니다. 『자본』 본문에 이런 구절이 있었지요. "런던의 노동시장은 제빵업에서 죽기를 각오한 독일인과 기타 지원자들로 여전히 넘쳐나고 있다."[김, 360; 강, 378] 당시 영국으로 이주노동자들이 몰려오고 있었던 겁니다. 산업화가 빨랐던 만큼 상대적으로 일자리도 많고 임금수준도 높았으니까요. 영국 노동자들한테 이들 이주노동자들이 반가울 리 없습니다. 공장주들이 임금을 낮추고 파업을 깨는 데 이들을 활용했으니까요. 그래서 프랑스 노동조합 대표들과 이주노동자 유입을 막기 위한 대책을 논의하고 싶었던 겁니다. 이 회합에서 양국의 대표자들은 국제 노동자 단체 창설에 합의했습니다. 그리고 다음해 9월 런던에서 창립총회를 열기로 했지요.

마르크스는 처음에는 이 회합에 관심을 두지 않았습니다. 『자본』 집필에 열중할 때였으니까요. 그런데 1864년 9월 프랑스 망명객 빅토르 르 뤼베즈(Victor Le Lubez)가 찾아와 독일 대표로서 이 모임에 참석해달라고 부탁합니다. 마르크스는 저간의 사정을 나중에 엥겔스에게 상세히 적어 보냈는데요.[80] 이 편지에 따르면 그는 자신과 오랫동안 함께 운동해온 재단사 요한 게오르크 에카리우스(Johann Georg Eccarius)를 대표로 추천했습니다. 그리고 자신은 일반 청중석에 서서 행사를 지켜보았습니다.

마르크스가 회합에 참석하기로 한 것은 좀 의외의 결정입니다. 1848년 이후 그는 사실상 서재로 물러나 있었으니까요. 정세 읽기를 멈춘 적은 없지만 혁명 조직에 관여하거나 어떤 운동에 직접 나서는 일은 없었습니다. 나름의 결심이 있었던 거죠. 그는 엥겔스에게 이렇게 썼습니다. "나는 런던과 파리에서 정말로 '중요한'(영향력 있는, Mächte) 인물들이 온다는 것을 알고 있었네. 그래서 이런 종류의 초대는 어떤 것이든 거절한다는 내 오랜 원칙을 포기하기로 했네."[81]

여기서 말한 '중요한 인물들'은 명망가들을 말하는 게 아닙니다. 마르크스가 보기에 이 회합을 조직한 사람들은 무언가를 해낼 수 있는 실질적 '힘'을 가진 사람들입니다. 그동안의 활약상도 그럭저럭 괜찮았던 사람들이고요. 그는 엥겔스에게 보낸 편지에 주요 참석자들의 직책을 상세히 적었습니다. 프랑스 대표단을 이끌고 온 앙리 톨랭(H. Tolain)은 지난 선거에 나선 '진짜 노동자 후보'였고 그 일행도 괜찮은 사람들이었습니다. 영국 대표단의 조지 오저(G. Odger)와 크리머(W.

R. Cremer) 역시 주요 노동조합의 대표이고 북아메리카에서 열린 노동조합들의 대규모 회합을 조직했던 사람들이고요. 마르크스는 오랫동안 묻어둔 1848년 선언의 꿈이 되살아나는 걸 느꼈을지도 모르겠습니다. "만국의 프롤레타리아트여 단결하라!" 그 구호가 이제야 몸뚱이를 가질 수 있겠다고요.

1864년의 창립총회는 큰 성공을 거두었습니다. 영국과 프랑스, 독일의 노동운동가들은 물론이고, 이탈리아와 아일랜드, 폴란드의 민족주의 운동가들이 대거 참여했습니다(중심 국가들의 계급해방 문제와 주변부 국가들의 민족해방 문제가 미묘하게 맞물린 구성이지요). 창립총회에서는 '국제노동자협회' 설립을 의결하고 각국 단체들과 연락할 중앙위원회를 런던에 두기로 결정했습니다. 강령과 임시 규약을 만들 소위원회도 구성했는데요. 몸이 좋지 않았던 마르크스는 그 자리에 참석하지 않았다고 합니다. 그런데 강령을 작성할 때 이탈리아 운동가들의 입김이 강하게 반영된 것 같습니다[마르크스는 주세페 마치니(Giuseppe Mazzini)의 졸작(Machwerk)임이 명백하다고 했지요]. 노동 문제가 부차적인 것이 되고 민족 문제가 많이 들어갔다는 뜻입니다. 몇 차례 회의를 거치며 수정된 최종 판본이 만들어졌습니다. 마르크스는 그 내용을 전해 듣고 크게 실망했습니다. '전율할 정도로'(schauderhaft) 형편없다고 했지요. 문장들은 상투적이고 미숙했고, '유럽 노동자계급의 중앙정부' 같은 현실성이라고는 전혀 없는 목표가 들어 있었습니다.

결국 타협을 싫어하는 마르크스의 기질이 발동했지요.

1847~1848년 '공산주의자동맹'의 결성과정과 아주 흡사합니다. 1847년 런던과 브뤼셀의 의인동맹 회원들이 공산주의자동맹을 만들었는데요. 6월 런던에서 창립대회를 열고 강령의 초안을 작성했습니다. 여기서 "소유 공유제를 가능한 빨리 도입해 인류를 해방하는 것을 목표로 한다"라는 내용의 강령이 채택되었지요. 그런데 이 자리에 참석하지 않았던 마르크스가 이 강령의 모호함을 강하게 비판합니다. 그리고 2차 대회에 참석해 많은 것을 뒤집어버렸지요. 2차 대회에서는 "동맹의 목표는 부르주아지 타도, 프롤레타리아트 지배, 계급적 대에 기초한 낡은 부르주아사회 철폐, 계급과 사적 소유가 없는 새로운 사회 건설"이라는 강령이 채택됩니다. 도대체 무슨 일이 있었던가. 정확히 알려진 것은 없지만 토론이 무려 열흘 간이나 진행되었습니다. 그러고는 마르크스의 주장을 만장일치로 채택했고 동맹의 이념을 알리는 선언문 작성의 전권을 그에게 부여했지요.[82] (이것이 앞서도 언급한 것처럼 바로 『공산주의당선언』입니다).

1863~1864년 인터내셔널 결성과정에서도 비슷한 일이 일어났습니다. 소위원회에 참석하지 않았던 마르크스는, 그 자신의 표현을 빌리자면, "부드럽게 항의"했고 강령에 대한 논쟁을 계속 이어갔습니다. 그리고 친구인 에카리우스를 통해 강령과 규약을 더 다듬어야 한다고 주장했습니다. 결국 영국의 크리머, 이탈리아의 폰타나(Fontana), 프랑스의 르 뤼베즈가 마르크스의 집에 찾아왔지요. 강령과 규약을 함께 다듬

기로 했습니다. 마르크스는 당시 자신의 태도를 엥겔스에게 이렇게 전했습니다. "나는 확고하게 결심했네. 가능한 한 단한 줄도 남아 있지 않게 하겠다고."[83]

이런 태도로 임했으니 수정 작업이 쉬웠을 리 없지요. 새벽까지 이어진 토론에 모두가 지쳤습니다. 위원들은 결국 마르크스에게 초안 작성의 권리를 넘기고 추후 다시 만나기로 했습니다. 그러고는 마르크스가 내놓은 규약을 큰 이견 없이, 단 두 개의 문구만 첨가한 채로 채택했습니다. 마르크스는 규약의 전문(preamble)도 완전히 새로 썼습니다. '노동자계급에게 드리는 담화(addresss)'도 썼습니다. 참석자들의 마음속 생각을 바꾸기 위해서였죠("이미 선택된 감정들"을 "편집하기 위해서"). 마르크스의 글은 총회에서 만장일치로 채택되었습니다. 이렇게 해서 1848년의 『공산주의당선언』에 필적하는 1864년의 「국제노동자협회 발기문」(이하 「발기문」)이 탄생했습니다.[84]

마르크스가 1864년의 인터내셔널을 1848년 혁명정신의 부활로 이해한다는 것은 「발기문」의 첫 문장부터 알 수 있습니다. 그는 1848년을 기점으로 글을 시작합니다. '1848~1864' 공업과 상업은 유례를 찾아보기 힘들 정도로 진보했고 유산계급의 부도 놀랄 만큼 증대했지만 노동자들의 처지는 전혀 나아지지 않았다고 했습니다(그는 우리가 앞서 본문에서 『자본』 제8장 '노동일' 장을 통해 읽은 자료들을 많이 인용했습니다). 또 1848년의 패배 이후 노동자계급 조직들은 파괴되었고 대류의 노동자운동은 몰락했으며 이것이 영국 노동자들이 얻어낸 개혁 조치들의 퇴보를 불러왔다고 했습니다(이에 대해서도 우리는 앞서 본문에서 '공장법'의 역사와 함께 살펴본 바 있습니다).

그럼에도 마르크스는 두 가지 '밝은' 일이 있었다고 했는데요. 하나는 '10시간 노동제'가 관철된 것이고, 다른 하나는 '자본의 정치경제학'에 대한 '노동의 정치경제학'의 '위대한 승리'가 있었다는 것인데요. 사실 후자는 전자와 관련되죠. 유어나 시니어 같은 학자들은 '10시간 노동제'가 채택되면 영국의 공업이 몰락할 것이라 했고 영국의 공업을 위해서는 아동노동 사용이 불가피하다고 했지요. 노동자들은 공장법 개정을 통해 이들의 정치경제학이 틀렸음을 보여주었습니다. 논리적 반박이 아니라 힘을 통한 반박이었지요.

마르크스는 이것을 '원칙(principle)의 승리'라고 불렀습니다. 아주 중요한 말입니다. 이것은 자본가의 과학과 노동자의 과학 중 어느 쪽 예측이 맞았느냐의 문제가 아닙니다. 한마디로 어느 쪽이 더 과학적인가 하는 문제가 아니라는 겁니다. 과학 이전에 경제를 바라보는 시각의 문제죠. 원칙 말입니다. 경제를 '수요·공급의 맹목적 지배 아래 둘 것인가' 아니면 '사회적 통찰과 예견에 입각한 사회적 통제 아래 둘 것인가'. 공장법을 둘러싼 노동자계급의 투쟁은 자본가의 탐욕을 사회적으로 통제해야 한다는 원칙이 승리했음을 보여줍니다.

마르크스는 「발기문」에서 '노동의 정치경제학'의 더 위대한 승리가 있다고 했어요. 공장법을 통한 규제는 소극적 승리이고, 더 적극적인 승리가 있습니다. 바로 오언 등이 주도했던 협동조합의 실험입니다. 그는 협동조합, 특히 생산 분야에서 이뤄진 협동조합 실험에 주목했습니다. '협동조합 공장'에 대해 마르크스는, 자본가가 통제하는 생산이 아니라 노동자들의 자발적 협력에 기초한 생산에 대한 '위대한 실험'이라고 했습니다. 자발성에 기초한 노동자들의 연합 노동과 현대 과학기술이 조화를 이룬다면 큰 성과를 낼 수 있을 것이라고 기대했지요.

그런데 「발기문」에서 내가 정말로 주목하고 싶은 것은 '국제적 연대'의 의미입니다. 마르크스는 마지막 쪽을 『공산주의당선언』의 정신을 환기하는 데 할애하고 있습니다(이 선언을 직접 언급하지는 않지만, 똑같이 "만국의 프롤레타리아트여 단결하라"로 마무리하지요). 그는 노동자계급의 해방이라는 '위대한 과업'은 '민족적 편견'에서 나오는 대외 정책에 반대할 때 가능하다고 했습니다. 그러면서 미국 남북전쟁에서 노예제도에 반대했던 영국 노동자들의 투쟁을 칭송했습니다. 당시 영국 정부는 면화산업의 이해관계 때문에 남부를 지원하려고 했는데요. 여기에 영국의 노동자들이 저항했다는 겁니다.

이것은 표면적으로는 민족적 이해를 넘어서 투쟁한 영국 노동자들을 칭송한 것이지만 사실은 영국 노동자들에게 그런 태도를 촉구하기 위해 한 말입니다. 국제노동자협회 즉 인터내셔널의 창설 배경을 생각하면 마르크스의 담화에 담긴 뜻을 짐작할 수 있지요. 처음에 회합을 제안했던 영국 노동조합 대표들은 자신들의 이익을 지키기 위해 국경을 강화하려 했으니까요. 이주노동자들을 단속하기 위한 노동조합의 국제적 결탁을 추진한 거지요.

마르크스는 자신이 칭송한 덕목이 정작 영국 노동운동에는 부족하다는 생각을 인터내셔널 창립 이전부터 갖고 있었습니다. 특히 영국 노동운동이 아일랜드의 독립운동을 외면하는 것을 큰 문제로 여겼습니다. 영국 노동자들은 아일랜드 식민화가 제공하는 물질적 혜택 때문에 아일랜드인들의 독립투쟁을 외면했습니다. 적어도 아일랜드 문제와 관련해서는 지주나 자본가계급과 암묵적으로 결탁했던 거죠. 이 문제와 관련해 마르크스는 영국 노동운동의 태도를 여러 차례 비판했습니다. 심지어 바젤에서 열린 인터내셔널 4차 대회에서는 아일랜드 해방 결의안을 통과시켜야 한다고 촉구하기도 했지요.

정운영의 평가에 따르면, 마르크스의 이런 노력은 "당시 그가 처한 여러 상황을 감안할 때 무척 용기 있는 결단이었지만 동시에 상당히 위험한 처사"였습니다. "마르크스의 태도는 자본주의 발전과 식민지 수탈에 편승해서 상황의 급진적 변화를 원치 않았던 노동조합의 지도자들에게 커다란 불안과 불만을 심어주었기 때문"입니다. 실제로 이 때문에 "인터내셔널 총평의회와 영국 노동조합의 관계는 급속히 냉각"됩니다. 정운영은 마르크스가 깨달은 바가 많았을 거라고 덧붙였지요. "혁명을 배우지 않으려는 사람에게 혁명을 가르치는 일이 얼마나 어려운지 절실히 깨달았"을 거라고요.[85]

마르크스가 만들고 싶었던 인터내셔널은 국가적 이해를 대표하는 노동조합들의 모임이 아니었습니다. 그는 오히려 국가적 이해, 민족적 이해를 극복하는 노동자들의 연대를 꿈꾸었지요. 1848년 『공산주의당선언』의 정신 그대로입니다. "만국의 프롤레타리아트여 단결하라"라고 했을 때, '만국'은 오늘날 국제연합 같은 모델이 아닙니다. 국가와 민족을 대표하는 자들의 모임이 아니라 국가와 민족의 극복 내지 해체를 통한 국제적 연대라고 할 수 있지요. 이 점에서 그는 인터내셔널의 제안자들, 즉 이주자 단속을 위해 국경을 강화하려고 했던 사람들과 생각이 완전히 달랐습니다. 그는 인터내셔널을 통해 국경을 넘어서려 했습니다. 영국의 노동조합이 프랑스 노동조합과 더불어 불법 이주자 단속에 나서는 것이 아니라 영국의 노동조합이 이주자들과 더불어 해방운동에 나서기를 바랐던 겁니다(참고로 『자본』의 구성에서도 우리는 이 점을 확인할 수 있는데요. 마르크스는 산업부문별로 영국 노동자들의 실태를 조사하면서 아일랜드인들의 경우를 별도 부문으로 고찰합니다. 마치 식민화된 아일랜드 민족 전체가 영국에 대해 프롤레타리아트인 것처럼 말이지요. 이에 대해서는 우리 시리즈 11권에서 다루겠습니다).

끝으로 쓸쓸한 사실 하나를 추가하고 인터내셔널 결성에 대한 이야기를 마치겠습니다. 마르크스는 엥겔스에게 대회 참석자들이 '열정적으로'(mit großem Enthusiasmus) 자신의 제안에 화답했다고 했는데요. 처음의 제안자들이 진심으로 마르크스의 생각에 공감하고 과거의 태도를 반성했던 것은 아니었나 봅니다. "국경을 강화하려는 의도로 제안된 회의가 국경을 극복하려는 인터내셔널의 결성으로 낙착된 것은 대단한 역설이지만 그 역설의 후유증은 만만치 않았다. 인터내셔널 창설을 발의한 장본인들의 가슴 한구석에 숨어 있던 이 의도가 결국 그들로 하여금 인터내셔널을 배반하게 만들었기 때문이다. 프랑스 대표였던 톨랭은 파리 코뮌 당시 베르사유 정부에 가담해 계급의 이익을 저버린 변절의 족적을 보였으며, 영국 대표 오저 또한 마르크스의「프랑스 시민전쟁」을 인터내셔널의 공식 입장으로 채택하려는 총평의회의 결의에 서명을 거부함으로써 노동운동의 국제적 연대를 거부하는 수치스러운 기록을 남겼다."[86]

III──흡혈귀와 프롤레타리아트

마르크스는 자본을 흡혈귀에 비유했습니다. 자본이 자본이기 위해서는, 다시 말해 가치증식을 이루기 위해서는 살아 있는 노동을 빨아들여야 합니다. 그런데 '살아 있는 노동'이란 노동자의 생명력에 다름 아니지요. 성경에서 "피는 생명"이라 했으니(신명기 12:23), 결국 자본은 노동자의 피를 빠는 겁니다. 게다가 자본의 정체는 과거의 노동, 죽은 노동입니다. 죽은 것이 산 자의 피를 빨아 생명을 얻고 다시 더 많은 피를 빠는 괴물이 된 것이지요. 마르크스로서는 흡혈귀만큼 좋은 비유를 찾기 어려웠을 겁니다.

본래 흡혈귀는 동유럽 슬라브인들의 신앙에서 유래했다고 합니다. 18세기 무렵 서유럽에 전래되었다고 하는데요. 흡혈귀에 관한 정보들을 모은 앙투안 오귀스탱 칼메(Antoine Augustin Calmet)의 『천사와 악령, 정령의 현현 그리고 헝가리, 보헤미아, 모라비아, 실레시아 지역의 귀신과 흡혈귀에 대한 연구』(1746)가 이때 출간되었습니다. 칼메의 연구를 바탕으로 18세기 말부터 19세기 말까지 괴테, 호프만, 톨스토이, 발자크, 스토커 등 많은 작가들이 흡혈귀를 소재로 작품을 썼습니다.[87] 서유럽에서 자본주의가 비약적으로 발전하던 시기에 흡혈귀 문학도 번성한 겁니다.

본문에서 본 것처럼 마르크스는 동유럽 슬라브 지역(도나우 지역)의 대지주 보야르와 영국의 공장주를 비교했는데요. 이걸 보면 마르크스도 흡혈귀의 유래를 알고 있었던 것 같습니다. 자본가를 흡혈귀라고 부르는 장에서, 자본가의 잉여노동에 대한 갈망의 정도를 보여주기 위해 그 많은 지역 중 슬라브 지역을 택한 걸 우연이라 보기는 어렵지요.

흡혈귀 문학을 대표하는 작품인 브램 스토커의 『드라큘라』(1897)는 『자본』이 출간되고 30여 년 뒤에 나왔는데요.[88] 주인공 드라큘라 백작은 마르크스가 본문에서 묘사하는 흡혈귀의 전형적 특징들을 갖고 있습니다. 그는 이미 죽었지만 살아 있는 사람의 피를 통해 새로운 생명을 얻습니다. 죽은 뒤

불사귀(不死鬼)로 되살아난 겁니다. 그뿐 아니라 그는 자신의 제물이 된 사람을 자신과 똑같은 존재로 만듭니다. 그런 식으로 '증식'하는 거죠.

　이 작품 속 드라큘라와 관련된 세부 사항 몇 가지도 『자본』을 연상시킵니다. 먼저 드라큘라는 앞서 말한 것처럼 슬라브 지역의 '보야르'였습니다. 농노들의 피를 빨던 사람이죠. 그런데 그는 살아 있는 피가 넘쳐나는, 그래서 '피에 대한 욕망을 마음껏 충족'할 수 있는 런던으로 이주합니다(산업의 중심지, 일자리를 찾아 사람들이 몰려드는 대도시로 말입니다). 그가 구사하는 화법도 인상적입니다. 그는 마르크스가 본문에서 언급한 'pluralis majestatis'를 쓰는데요. 마치 군주가 자신을 지칭할 때처럼, 자신의 가문에 대해 말할 때 항상 '우리'라는 복수형을 씁니다(마르크스는 자본가도 이런 어법을 쓴다고 했지요).

　드라큘라는 살아 있는 피를 무척이나 갈망하지만, 신중하고 치밀하다는 점에서 단순한 탐욕가가 아닙니다. 이 점에서도 그는 『자본』의 합리적 자본가와 닮았습니다. 그는 런던의 물류 배송 시스템을 연구한 뒤 자신의 신체를 원하는 곳으로 옮겨놓는데요. "모든 일을 치밀하게 계산하고 체계적이고 정확하게 처리"합니다. "자기의 의도를 실행에 옮기는 과정에서 우연히 생겨날 수도 있는 모든 장애 요인에 대해 대비책을 마련"하지요.[89]

　스토커의 작품 속에서 희생자는 주로 여성과 아동입니

다. 특히 작품 초반부터 아이들의 피가 중요하게 부각됩니다. 드라큘라는 자신의 저택에 있는 세 흡혈귀들에게 밤마다 아이들을 잡아다 주지요. 그가 런던에서 만들어낸 흡혈귀도 주로 아이들의 피를 뽑니다. 이는 우리가 본문에서 읽은 증언의 주인공들, 즉 공장에서 밤까지 혹사당하던 아이들을 떠올리게 하지요.

마르크스는 「국제노동자협회 발기문」에서 아이들의 피를 빠는 흡혈귀 이야기를 했는데요. 영국 공업 발전을 위해 아동노동이 필요하다는 유어와 시니어 등 정치경제학자들을 향해 이렇게 말했습니다. "[이들은] 공업이라는 것은 흡혈귀처럼 사람의 피, 그것도 어린이의 피를 빨아먹어야 한다는 것을 예언해왔고 또 마음껏 증명해왔습니다. 그 옛날에 아동 살해는 몰록(Moloch) 종교의 신비한 의식이었습니다만[고대 종교인 몰록교에서는 어린아이를 불속에 던져 넣어 제사를 지내는 의식이 있었습니다], 그것은 특별히 엄숙한 경우에만 실행된 것으로서 아마 1년에 한 번 정도 있었을 뿐 아니라, 몰록이 특별히 가난한 사람의 자식들만 좋아했던 것도 아니었습니다."[90]

문학비평가 프랑코 모레티(Franco Moretti)는 마르크스의 논의에 착안해, 하지만 아주 다른 각도에서 흡혈귀와 자본주의를 연결 지었는데요. 그는 『프랑켄슈타인』, 『드라큘라』 등 19세기 공포문학이 자본주의에서 수행한 기능을 문제 삼았습니다. 보통의 문학 작품에서 작가는 '공포'를 메타포로 제시합니다. 그런데 공포문학에서는 메타포가 더는 메타포가 아닙니다. 사람들이 현실에 대해 느끼는 다양한 공포들(이를테면 정치적·사회적·경제적·심리적 공포들)을 메타포가 아닌 실제 캐릭터로 만들어 돌아다니게 합니다.[91] 공포가 독립된 실체처럼 돌아다니면 통제를 벗어날 수도 있겠다는 불안이 생겨나죠. 프랑켄슈타인이 자신의 괴물을 통제할 수 없었듯이 말입니다. 이 경우 독자들의 공포는 배가됩니다. 그리고 이 공포는 사람들로 하여금 부당한 사회체제를 받아들이게 합니다. 자신들의 안전을 위해 억압적 조치들을 기꺼이 수용하는 겁니다. 작품의 공포가 크면 클수록 교화 효과도 크지요.[92]

모레티에 따르면 『드라큘라』는 공포문학의 이런 논리를 극단적으로 발전시킨 작품입니다. 이야기의 진행시간은 항상 현재이며 이야기 순서의 인과성도 없습니다. 독자가 작품과 거리를 둘 수 없도록 만든 겁니다. 독자들은 작품 속 인물들이 느끼는 공포를 함께 느낍니다. 모레티는 이 작품이 "사회를 거대한 주식회사로 제시"하고 있다고 말합니다. 이 작품에서는 사회의 유대를 깨는 사람, 독자적으로 생각하는 존재를 축출해야 할 위험으로 간주합니다. 통제되지 않는 존재, 질서를 파괴하는 존재를 물리쳐야 한다는 메시지를 던지는 것이죠. 그런 점에서 『드라큘라』는 "통합된 사회, '유기적' 자본주의에 대한 욕망을 반영하고 촉구"하는 작품이라고 모레티는 말합니다[93](그는 단지 흡혈귀가 아니라 작품 자체를 자본주의 체제와 연결 짓습니다).

실제로 작품 속에서 드라큘라는 이방인, 남의 나라, 남의

도시에 들어와 마음대로 증식하고, 신성한 가족과 종교, 사회 질서를 파괴하는 존재로 그려집니다(참고로 드라큘라는 런던에서 자신이 이방인으로 비치지 않도록, 다시 말해 '어, 외국인이잖아!'라는 말을 듣지 않으려고 표준 영어를 열심히 공부합니다.[94] 드라큘라에 물린 여성은 자신이 스스로를 망치고 남편과 가족을 망치며 사회를 위험에 빠뜨리는 존재라고 간주합니다. 퇴마사는 성체로 그녀의 이마에 죄악과 오염을 뜻하는 화상자국, 일종의 주홍글씨를 남기고요. 이 경우 흡혈귀는 『자본』에서 그려진 것과는 완전히 다른 존재가 됩니다. 흡혈귀는 자본가가 아니라 자본주의 체제를 위협하는 존재죠. 흡혈귀를 몰아낸 사람들은 체제의 수호자들이 되는 거고요.

본문에서 마르크스는 1847년 공장법이 1848년 혁명 당시 어떤 공격을 받았는지에 대해 썼는데요. 지배계급의 온갖 분파들이 모두 뭉쳐 "재산, 종교, 가족, 사회를 구출하자는 공동의 구호"를 외쳤다고 했습니다.[김, 387; 강, 401] 그들은 혁명적 프롤레타리아들을 재산 약탈자, 신을 믿지 않는 자, 부인을 공유하고 가족을 폐지하려는 자, 조국과 민족을 모르는 자 등으로 공격했지요(지금도 그렇습니다). 마르크스와 엥겔스는 『공산주의당선언』의 상당히 많은 지면을 할애해 이 비난들에 대해 반박해야만 했습니다. 그만큼 가족, 종교, 민족 등을 동원한 이데올로기적 공격의 효과가 컸던 겁니다.

본문에서 마르크스는 이때를 언급하며 "노동자계급은 도처에서 법률의 보호 밖으로 밀려나고 추방당했으며 '용의

자법'(loi des suspects)의 탄압"을 받았다고 썼습니다.[김, 387; 강, 401] '용의자법'은 1848년 혁명 이후 프랑스에서 제정된 법인데 정부에 적의를 품은 것으로 '의심되기만' 하면 누구든 지 프랑스 바깥으로 추방할 수 있도록 했지요. 용의자만 되어 도, 그러니까 '의심되기만 해도', 귀신을 쫓아내듯 사람을 나라 바깥으로 추방하는 겁니다.

흡혈귀를 19세기 자본주의 질서를 깨뜨리는 존재, 무엇 보다 부르주아적 인간관계의 근간을 이루는 가족과 종교, 민족의 질서를 파괴하는 존재로 본다면 어떨까요. 그렇다면 그 의 형상은 자본가보다는 혁명적 프롤레타리아트에 가깝습니 다. 『드라큘라』에서는 흡혈귀의 괴물스러움이 '관능성'으로 나타나는데요. 흡혈귀에게 물리면 청순하고 정숙한 여성이 음탕하고 관능적인 여성으로 돌변합니다(작품 여러 곳에서 작가는 이 점을 유독 강조하고 있습니다). 사실은 흡혈귀가 무는 장면부터가 음탕합니다. 흡혈귀들은 붉은 입술로 상대방의 하얀 목덜미를 깨물지요. 따라서 흡혈귀에 대한 공포는 적극적이고 과도한 섹슈얼리티에 대한 공포이며 특히 그런 섹슈얼리티를 가진 여성에 대한 공포라고 할 수 있습니다. 음탕한 여성, 관능적인 여성, 남성(남편)의 통제를 벗어나며 심지어 남성을 통제하려 드는 여성, 남성을 얼어붙게 만드는 여성, 비유컨대 메두사에 대한 공포인 셈입니다(작품에서도 흡혈귀가 된 여성을 실제로 '메두사'에 비유합니다.[95])

방금 흡혈귀가 부르주아적 인간관계의 근간을 파괴한다

고 했는데요. 두 가지 점에서 특히 그렇습니다.[96] 첫째, 흡혈귀의 섹슈얼리티는 이성애에 국한되지 않습니다. 성별은 물론이고 인종도, 종교도, 민족도 문제 삼지 않지요. 누구에게든 애정적 인간관계(에로틱한 깨물기)를 시도합니다. 둘째, 흡혈귀의 생산은 가족을 통해 이루어지지 않습니다. 가족을 통한 재생산 질서를 무너뜨리는 거죠. 새로운 흡혈귀는 가족과 상관없이 '깨물기'를 통해 생산됩니다. 게다가 번식의 속도가 무척 빠릅니다. 낳을 필요가 없습니다. 그저 깨물면 변환이 일어납니다. 감염 같은 것이지요.

마이클 하트(Michael Hardt)와 안토니오 네그리(Antonio Negri)는 이런 흡혈귀의 형상에서 자신들이 '다중'(multitude)이라 부르는, 우리 시대 프롤레타리아트의 형상을 발견했습니다. "우리 시대의 흡혈귀들은 그 이전과는 다른 것으로 드러난다. 흡혈귀들은 여전히 아웃사이더들이지만, 그들의 괴물스러움은 다른 사람들로 하여금 우리 모두가 괴물들—고학력의 부랑자들, 성적 이상자들, 마약중독자들, 병리적 가족의 생존자들 등등—임을 인정하도록 도와준다. 그리고 더욱 중요한 것은, 괴물들이 새롭고 대안적인 정서 네트워크들과 사회적 조직을 형성하기 시작한다는 점이다. 흡혈귀, 그 괴물스러운 삶과 그 만족을 모르는 욕망은 낡은 사회 해체의 징후가 되었을 뿐만 아니라 새로운 사회 형성의 징후가 되었다."[97]

그러고 보니 자기증식이 꼭 자본만의 특징은 아닙니다. '프롤레타리아트'도 본래 '증식하는 자'라는 뜻입니다. '프롤레타리아트'는 라틴어 '프롤레스'(proles)와 '프롤레타리우스' (proletarius)에서 연원했는데요. '프롤레스'는 '자손'이라는 뜻입니다. 그리고 '프롤레타리우스'는 로마에서 자식을 낳는 것 말고는 나라에 기여하는 바가 없는 자들을 지칭하는 말이었습니다. 비천한 자들, 이름이 없는 자들, 가진 것도 없고 배운 것도 없는 자들, 단지 번식할 뿐인 자들을 가리켰지요. 자크 랑시에르(Jacques Rancière)에 따르면, 이들은 로마에서 "셈해지지 않는 자들, 계급질서에 속하지 않는 자들"이었습니다. 그런데 바로 그렇기 때문에 역설적으로 "이 질서의 잠재적 소멸(마르크스가 말했던 모든 계급의 소멸인 계급)"을 의미하는 존재가 될 수 있습니다.[98]

우리는 꽤나 멋진 혁명가로서 새로운 흡혈귀의 형상에 도달한 것 같습니다. 성별, 종교, 인종, 민족 등 온갖 경계들을 가로지르는 에로틱한 연대를 통해 무한히 증식하는 존재. 그렇게 해서 영원한 생명을 얻는 존재. 이것이 우리 시대 프롤레타리아트의 형상, 우리 시대 새로운 흡혈귀의 형상입니다.

주

1   전태일기념관건립위원회 엮음, 『어느 청년 노동자의 삶과 죽음: 전태일 평전』, 돌베개, 1983, 86쪽.

2   Rosalind C. Morris, "Dialect and Dialectic in 'The Working Day' of Marx's Capital", *boundary* 2, 1 February 2016, Duke University Press, 2016, p. 229.

3   P. Osborne, *How to Read Karl Marx,* 1996(고병권·조원광 옮김, 웅진지식하우스, 2007, 152쪽).

4   W. Benjamin, *Das Passagen Werk, 1927~1940*[N 1a, 8](조형준 옮김, 『아케이드 프로젝트』, 새물결, 2005, 1050쪽).

5   W. Benjamin, 같은 책[N 2a, 3](같은 책, 1054쪽). 그리고 W. Benjamin, *Über den Begriff der Geschichte,* 1940, #13~18(최성만 옮김, 『역사의 개념에 대하여/폭력비판을 위하여/초현실주의 외』, 길, 2008, 344~349쪽).

6   I. Kant, *Kritik der reinen Vernunft,* 1781(백종현 옮김, 『순수이성비판』, II, 아카넷, 2008, 636쪽).

7   I. Kant, 같은 책, 637쪽.

8   I. Kant, 같은 책, 674쪽.

9   B. Russell, *In Praise of Idleness,* 1935(송은경 옮김, 『게으름에 대한 찬양』, 사회평론, 1998, 33쪽).

10 F. Engels, *Die Lage der arbeitenden Klasse in England,* 1845(이재만 옮김, 『영국 노동계급의 상황』, 라티오, 2014, 232~233쪽).

11 〈http://news.khan.co.kr/kh_news/khan_art_view.html?artid=201512 231222411&code=940702〉.

12 〈http://www.ohmynews.com/NWS_Web/View/at_pg.aspx?CNTN_C D=A0001990954&CMPT_CD=P0001〉.

13 희정, 『노동자, 쓰러지다』, 오월의봄, 2014, 211쪽.

14 정락인, "현대판 노예제에 내몰린 고교 실습생들", 『시사저널』, 1468호(2017.12), 〈http://www.sisapress.com/news/articleView.html?idxno=172591〉.

15 희정, 『노동자, 쓰러지다』, 255쪽.

16 희정, 같은 책, 242쪽.

17 희정, 같은 책, 253쪽.

18 고용노동부, 〈산업재해 현황〉(2018년 9월 6일 입력 자료), 〈http://www.index.go.kr/potal/main/EachDtlPageDetail.do?idx_cd=1514〉.

19 Rosalind C. Morris, 위의 논문, p. 229.

20 K. Marx, *Capital*, Volume I, tr. by Ben Fowkes, Penguin Books, 1990, pp. 369~370.

21 Rosalind C. Morris, 위의 논문, p. 231.

22 F. Engels, 『영국 노동계급의 상황』, 160쪽.

23 F. Engels, 같은 책, 161쪽

24 F. Engels, 같은 책, 162쪽.

25 F. Engels, 같은 책, 174쪽.

26 Rosalind C. Morris, 위의 논문, 222쪽.

27 Gayatri C. Spivak, "Can the Subaltern Speak?", *Can the Subaltern Speak?: Reflections on the History of an Idea*, ed. Rosalind C. Morris, Columbia University Press, 2010(태혜숙 옮김, 『서발턴은 말할 수 있는가?』, 그린비, 2016).

28 Rosalind C. Morris, 위의 논문, p. 230.

29 Gayatri C. Spivak, 위의 책, 380쪽.

30 K. Marx, *Ökonomisch-philosophische Manuskripte aus dem Jahre 1844*, 1844(최인호 옮김, 『1844년의 경제학 철학 초고』, 박종철출판사, 1991, 283쪽).

31 Platon, 박종현 역주, 『플라톤의 네 대화편: 에우티프론/ 소크라테스의 변론/크리톤/파이돈』, 서광사, 2003, 100쪽.

32 희정, 『노동자, 쓰러지다』, 220~221쪽.

33 희정, 같은 책, 255쪽.

34 William Shakespeare, *Hamlet*, 1603(최종철 옮김, 『햄릿』(제1막 제2장), 민음사, 2012, 27쪽).

35 F. Engels, 『영국 노동계급의 상황』, 63쪽.

36 F. Engels, 같은 책, 85쪽 그리고 97쪽.

37 F. Engels, 같은 책, 123쪽.

38 F. Engels, 같은 책, 200쪽.

39 Sidney Pollard, *The Genesis of Modern Management: A Study of the International Revolution in Great Britain*, Cambridge, 1965[H. Braverman, *Labor and Monopoly Capital*, 1974(이한주·강남훈 옮김, 『노동과 독점자본』, 까치, 1991, 65쪽에서 재인용)].

40 K. Polanyi, *The Great Transformation*, 1957(박현수 옮김, 『거대한 변환』, 민음사, 1996, 114쪽).

41 P. Lafarge, *Le droit à la paresse*, 1883(조형준 옮김, 『게으를 수 있는 권리』, 새물결, 1997, 68쪽).

42 Zygmunt Bauman, *Work, Consumerism and the New Poor*, 2004 (이수영 옮김, 『새로운 빈곤』, 천지인, 2010, 15쪽).

43 Max Weber, *Die protestantische Ethik und der Geist des Kapitalismus,*
    1905, tr. by T. Parsons, *The Protestant Ethic and the Spirit of*
    Capitalism, George Allen & Unwin, 1978, p. 60.

44 Max Weber, 같은 책, pp. 71~72.

45 Zygmunt Bauman, 위의 책, 17쪽, 재인용.

46 Zygmunt Bauman, 같은 책, 22쪽, 재인용.

47 M. Foucault, *Histoire de la folie à l'âge classique,* 1961(이규현 옮김,
    『광기의 역사』, 나남출판사, 2004, 127쪽).

48 M. Foucault, 같은 책, 128쪽.

49 M. Foucault, 같은 책, 126쪽.

50 M. Foucault, 같은 책, 153쪽.

51 1833년 구빈법이 개정되었다. 신구빈법은 구구빈법에 남아 있는
    빈민에 대한 일말의 동정과 부양의 의무 또한 없애버렸다. 엥겔스는
    신구빈법은 "본질적으로 빈민은 범죄자이고, 구빈원은 감옥이고,
    입소자는 법의 테두리 바깥, 인류의 테두리 바깥에 있는 역겹고
    혐오스러운 대상으로 공표"하고 있다고 했다. 빈민을 인간 바깥의
    '잉여'존재로 만들었다는 것이다(F. Engels, 『영국 노동계급의 상황』,
    348쪽).

52 K. Marx, *Der achtzehnte Brumaire des Louis Bonaparte,* 1851(최인호
    옮김, 『루이 보나파르트의 브뤼메르 18일』, 『카를 마르크스 프리드리히
    엥겔스 저작선집』, 제2권, 박종철출판사, 1992, 291쪽).

53 K. Marx, 같은 책, 같은 쪽.

54 F. Nietzsche, *Jenseits von Gut und Böse,* #6, 1886(김정현 옮김, 『선악의
    저편/도덕의 계보』, 책세상, 2002, 21쪽).

55 F. Engels, 『영국 노동계급의 상황』, 228쪽.

56 F. Nietzsche, *Nachgelassene Fragmente Anfang 1880 bis Frühjahr 1881*, 1[79](최성환 옮김, 『유고(1880년 초~1881년 봄)』, 니체 전집 11, 책세상, 2009, 28쪽).

57 F. Nietzsche, *Morgenröthe*, 1881, #174(박찬국 옮김, 『아침놀』, 책세상, 2004, 191~192쪽).

58 F. Engels, "Die englische Zehnstundenbill", MEW 7, p. 233(이 글은 1850년 3월 『신라인신문 정치경제 평론』 *Neue Rheinische Zeitung Politisch-ökonomische Revue*에 영어로 처음 게재되었다. 영어판은 "The English Ten Hours's Bill", Marx and Engels Collected Works, Volume 10, p. 280).

59 F. Engels, 『영국 노동계급의 상황』, 142~143쪽.

60 F. Engels, 같은 책, 122쪽.

61 B. Spinoza, *Ethica*, I, Appendix(강영계 옮김, 『에티카』, 서광사, 1990, 60쪽).

62 K. Marx, "맨체스터의 엥겔스에게"(1866년 2월 10일 편지), MEW 31, 174쪽.

63 K. Marx, "맨체스터의 엥겔스에게"(1865년 7월 31일 편지), MEW 31, 131쪽.

64 K. Marx, "맨체스터의 엥겔스에게"(1865년 8월 5일 편지), MEW 31, 136쪽.

65 K. Marx, "맨체스터의 엥겔스에게"(1866년 2월 13일 편지), MEW 31, 178쪽.

66 K. Marx, "맨체스터의 엥겔스에게"(1865년 7월 31일 편지), MEW 31, 132쪽.

67 K. Marx, "제네바의 요한 필리프 베커에게"(1866년 1월 13일 즈음의 편지), MEW 31, 492쪽.

68 K. Marx, "맨체스터의 엥겔스에게"(1866년 2월 13일 편지), MEW 31, 179쪽.

69 K. Marx, "맨체스터의 엥겔스에게"(1866년 2월 10일 편지), MEW 31, 174쪽.

70 K. Marx, 같은 편지, 같은 책, 같은 쪽.

71 K. Marx, 같은 편지, 같은 책, 174~175쪽.

72 K. Marx, Zur Kritik der Politischen Ökonomie "Vorwort", 1857(최인호 옮김,『정치경제학 비판을 위하여』서문,『카를 마르크스 프리드리히 엥겔스 저작선집』, 제2권, 2008, 477쪽).

73 K. Marx, 같은 책, 479쪽.

74 F. Engels, 김수행 옮김,「『자본』 III권에 붙인 서문」,『자본론』, III-상, 비봉출판사, 2015, 3~4쪽.

75 F. Enges,『영국 노동계급의 상황』, 34~35쪽.

76 F. Engels, 같은 책, 35쪽.

77 F. Engels, 같은 책, 38쪽.

78 F. Engels, 같은 책, 39쪽.

79 Isaiah Berlin, Karl Marx: His Life & Enviornment, 1978(안규남 옮김,『칼 마르크스: 그의 생애와 시대』, 미다스북스, 2002, 376쪽).

80 K. Marx, "맨체스터의 엥겔스에게"(1864년 11월 4일 편지), MEW 31, 10~16쪽.

81 K. Mrax, 같은 편지, 같은 책, 13쪽.

82 Francis Wheen, *Karl Marx,* 1999(정영목 옮김, 『마르크스 평전』, 푸른숲, 2002, 166~167쪽).

83 K. Marx, "맨체스터의 엥겔스에게"(1864년 11월 4일 편지), MEW 31, 15쪽.

84 K. Marx, "Address and Provisional Rules of the Working Men's International Association", 1864(김태호 옮김, 「국제노동자협회 발기문/국제노동자협회 임시규약」, 『카를 마르크스 프리드리히 엥겔스 저작선집』, 제3권, 박종철출판사, 2009, 3~17쪽).

85 정운영, 「제1인터내셔널에서 마르크스의 투쟁」, 『이론』, 3호, 까치, 1992, 19쪽.

86 정운영, 같은 책, 11쪽.

87 이세욱, 「환상 문학, 흡혈귀, 그리고 『드라큘라』」[Bram Stoker, *Dracula,* 1897(이세욱 옮김, 『드라큘라』, 열린책들, 2009, 643~644쪽].

88 Bram Stoker, *Dracula,* 1897(이세욱 옮김, 『드라큘라』, 열린책들, 2009).

89 Bram Stoker, 같은 책, 392~393쪽.

90 K. Marx, "Address and Provisional Rules of the Working Men's International Association", 1864(김태호 옮김, 「국제노동자협회 발기문/국제노동자협회 임시규약」, 『카를 마르크스 프리드리히 엥겔스 저작선집』, 제3권, 박종철출판사, 2009, 10쪽).

91 F. Moretti, *Signs Taken for Wonders,* 1983(조형준 옮김, 『공포의 변증법』, 새물결, 2014, 58쪽).

92 F. Moretti, 같은 책, 62쪽.

93 F. Moretti, 같은 책, 같은 쪽.

94 Bram Stoker, 위의 책, 42쪽.

95 Bram Stoker, 같은 책, 369쪽.

96 M. Hardt and A. Negri, *Multitude,* 2004(조정환·정남영·서창현 옮김, 『다중』, 세종서적, 2008, 239쪽).

97 M. Hardt and A. Negri, 같은 책, 같은 쪽.

98 J. Rancière, *Aux bords du politique,* 1990(양창렬 옮김, 『정치적인 것의 가장자리에서』, 길, 2013, 119쪽).